AF456162

LA

THÉORIE DU CHANGE

ET LA

STABILISATION

PAR

Théodore GEORGIADÈS

DOCTEUR EN DROIT

DIPLÔMÉ DE L'ÉCOLE DES SCIENCES POLITIQUES

ÉLÈVE BREVETÉ DE L'ÉCOLE NATIONALE DES LANGUES ORIENTALES

PARIS

LIBRAIRIE ARTHUR ROUSSEAU

ROUSSEAU & Cie, Éditeurs

14, RUE SOUFFLOT, ET RUE TOULLIER, 13 (Ve)

1930

LA

THÉORIE DU CHANGE

ET LA

STABILISATION

LA

THÉORIE DU CHANGE

ET LA

STABILISATION

PAR

Théodore GEORGIADÈS

DOCTEUR EN DROIT

DIPLÔMÉ DE L'ÉCOLE DES SCIENCES POLITIQUES

ÉLÈVE BREVETÉ DE L'ÉCOLE NATIONALE DES LANGUES ORIENTALES

PARIS

LIBRAIRIE ARTHUR ROUSSEAU

ROUSSEAU & C°, Editeurs

14, RUE SOUFFLOT, ET RUE TOULLIER, 13 (V^e)

1930

A MON PÈRE

BIBLIOGRAPHIE

OUVRAGES GÉNÉRAUX

Aftalion (A.). — Monnaie, Prix et Change. Paris, Sirey, 1927.

Aftalion (A.). — Monnaie et Industrie. Paris, Sirey, 1929.

Angell (J.). — The Theory of International prices. Cambridge, Harvard University Press, 1926.

Anslaux (M.). — Principes de la politique régulatrice des changes. Bruxelles, Misch et Thron, 1910.

Arnauné (Aug.). — La Monnaie, le Crédit et le Change, 7e éd. Paris, Alcan, 1926.

Bonnet (G.-E.). — Les expériences monétaires contemporaines. Paris, Colin, 1926.

Cassel (G.). — La Monnaie et le Change après 1914, trad. fr. Paris, Giard, 1923.

Decamps (J.). — Les changes étrangers, 2e éd. Paris, Alcan, 1922.

Fisher (Irving). — Le pouvoir d'achat de la monnaie, trad. fr. Paris, Giard, 1926.

Germain-Martin. — Les finances publiques de la France, et la fortune privée. Paris, Payot, 1925.

Gide et **Rist**. — Histoire des doctrines économiques, 5e éd. Paris, Sirey, 1926.

Goschen (G.-J.). — La théorie des changes étrangers, trad. fr., 4e éd. Paris, Guillaumin, 1896.

Keynes (J.-M.). — La réforme monétaire, trad. fr. Paris, Kra, 1924.

Mill (J. Stuart). — Principles of Political Economy. London, Longmans, 1867.

Nogaro (B.). — La monnaie et les phénomènes monétaires contemporains. Paris, Giard, 1924.

Pommery (L.). — Changes et monnaies. Paris, Giard, 1926.

Reboud (P.). — Essai sur les changes étrangers. Paris, Rousseau, 1900.

Ricardo (D.). — Principes d'économie politique. Paris, Guillaumin, 1847.

Rist (Ch.). — La déflation en pratique, 2e éd. Paris, Giard, 1927.

Subercaseaux (G.). — Le papier-monnaie. Paris, Giard, 1920.

Truchy (H.). — Cours d'économie politique, 2e éd. Paris, Sirey, 1927.

Withers (H.). — Qu'est-ce que la monnaie ? trad. fr. Paris, Giard, 1920.

COURS

Aftalion (A.). — Cours de doctorat professé à la Faculté de Droit de Paris, année 1928-1929.

Germain-Martin, Belin. — Cours professé à l'Ecole des Sciences Politiques, années 1928-1929 et 1929-1930.

Jèze (G.). — Cours de finances publiques professé à la Faculté de Droit de Paris, année 1927-1928, Paris, Giard, 1928.

THÈSES DE DOCTORAT

Frayssinet. — La politique monétaire de la France (1924-1928). Paris, 1928.

Gaillard. — La théorie des changes et leur évolution depuis 1914. Paris, 1929.

Gaussel. — La réforme monétaire anglaise, Paris, 1928.

Herrenschmidt. — La notion d'inflation. Paris, 1929.

Hirsch. — Les changes et les exportations. Paris, 1928.

Tondu. — La politique de la Banque de France d'août 1926 au 25 juin 1928. Paris, 1929.

Weiller. — L'influence du change sur le commerce extérieur. Paris, 1929.

DOCUMENTS DIVERS

Auriol (V.). — Discours prononcé à la Chambre des députés. Séance du 24 juin 1928.

Chappedelaine (L. de). — Rapport présenté au nom de la Commission des finances de la Chambre des députés sur le projet de loi monétaire. Séance du 24 juin 1928.

Poincaré (R.). — Discours prononcés à la Chambre des députés. Séances des 2 et 3 février 1928, du 21 juin et du 24 juin 1928.

Loi monétaire du 25 juin 1928 et conventions annexes.

LA THÉORIE DU CHANGE
ET LA STABILISATION

INTRODUCTION

La guerre mondiale, en accumulant les désastres et les ruines dans la plupart des États civilisés, provoqua un malaise économique dont les effets néfastes se faisaient sentir plus de dix ans après l'Armistice, avec une tragique acuité. Lorsque au printemps 1930 nous entreprenions la rédaction de cet ouvrage, de toutes les parties du monde arrivaient des nouvelles de crise : crise économique, crise financière, crise politique.

Les causes profondes de cette sombre situation doivent être recherchées non seulement dans la période des hostilités qui obligea les États de consommer une grande partie de leurs forces économiques, mais aussi à la politique monétaire de la plupart des gouvernements qui priva les États du système monétaire sain qui fonctionnait en 1914. Au système basé sur l'or se substitua un système de papier-monnaie fiduciaire. Cette situation qui raisonnablement ne devait durer qu'autant que les hostilités, se prolongea de longues années après novembre 1918 en compromettant gravement l'œuvre de reconstruction dont l'Europe avait un besoin si pressant.

L'absence d'un étalon monétaire commun entre les États, détraqua tout le système des échanges entre pays et empêcha les Nations de faire le bilan de leurs ruines. La dépréciation de certaines monnaies, sur le marché des changes, provoqua dans les pays les plus éprouvés, une apparence de prospérité qui n'était pas sans nuire à l'œuvre de reconstruction. Même à l'intérieur d'un pays des difficultés quasi-insurmontables surgissaient à cause de la baisse plus ou moins considérable du pouvoir d'achat de la monnaie constatée dans tous les États.

Les brusques variations des changes nous donnent une image vivante du désarroi économique dans lequel fut plongé le monde pendant la période décennale d'après-guerre. La crise des changes après avoir été la conséquence de la situation économique précaire de l'Europe, devint à son tour le point de départ d'une série de difficultés.

La situation aurait pu durer ainsi indéfiniment si beaucoup de gouvernements n'avaient décidé, de gré ou de force, d'assainir leurs régimes monétaires. Depuis plus de cinq ans nous voyons les États revenir graduellement vers un système monétaire basé sur l'or, analogue à celui qui fonctionnait à la veille de la guerre. Aujourd'hui, presque tous les États d'Europe, quelques-uns au prix d'immenses sacrifices, ont rétabli des systèmes monétaires se rapprochant plus ou moins de l'étalon-or. Grâce à cette réforme, les Nations peuvent se rendre un compte exact de leurs capacités économiques, et c'est à ce fait qu'il faut attribuer la crise économique dont se plaignent à l'heure actuelle toutes les branches du commerce et de l'industrie. Toutefois, le rétablissement d'un régime sain, nous permet d'envisager l'avenir avec courage et optimisme.

Dans le présent ouvrage, nous nous sommes efforcés de présenter, avec autant de clarté qu'il nous a été possible, l'angoissant problème auquel eurent à faire face tous les États d'Europe, le problème du change. Après avoir exposé les théories les plus célèbres émises sur cette question embarrassante, nous développons les facteurs qui à notre avis sont la cause des vicissitudes du change. Dans la seconde partie de notre ouvrage nous exposons les méthodes d'assainissement monétaire, adoptées par presque tous les États à change avarié en insistant spécialement sur la politique monétaire suivie par les gouvernements de deux grands pays, l'Angleterre et la France.

Si les idées exposées dans ce travail contribuaient à éclaircir dans l'esprit des lecteurs, certains des problèmes complexes de l'époque actuelle, notre effort serait amplement récompensé.

Paris, Septembre 1930.

PREMIÈRE PARTIE

La Théorie du Change

CHAPITRE PREMIER

La notion du Change

Si nous remontons à une époque assez primitive de l'humanité, nous nous apercevons que le commerce est à peu de chose près ignoré. Les relations commerciales entre hommes n'apparaissent que sous la forme du troc. Les produits sont échangés directement l'un contre l'autre et les échanges n'ont lieu au début qu'entre produits ayant approximativement la même valeur.

Plus tard lorsque les hommes, vu la multiplication de leurs besoins, se mirent à fabriquer des objets de valeurs diverses, la nécessité d'une monnaie apparut. On emploie à cet effet des marchandises dont la valeur peut être aisément déterminée par leur quantité ou par leur nombre. C'est par exemple des céréales ou des têtes de bétail.

Le choix finit par se fixer sur les métaux, et en particulier sur les métaux précieux. Les métaux ne diffèrent pas essentiellement d'une autre marchandise : ce sont des lingots dont la valeur doit être déterminée par le poids et la pureté. Néanmoins, ils sont préférés aux autres marchandises pour jouer le rôle de monnaie, pour diverses raisons ; ils sont facilement divisibles et surtout ils représentent une grande valeur sous un volume restreint, ils sont par conséquent transportables aisément.

La monnaie proprement dite n'apparaît dans les relations humaines que quand le poids et le titre des lingots métalliques sont fixés d'avance. Lorsque cette étape est franchie les relations commerciales se trouvent remarquablement simplifiées. Pour déterminer une valeur donnée il suffit de compter un certain nombre de pièces de monnaie, sans se préoccuper de leur poids ou de leur titre. L'immense avantage de la monnaie, est qu'elle peut être échangée contre n'importe quelle marchandise, c'est pour employer une expression d'Irving Fischer son « échangeabilité générale ».

Il va de soi que ce progrès n'est effectué que quand on peut avoir confiance aux éléments de la monnaie. Cette confiance n'est acquise que lorsque le poids et le titre des lingots métalliques sont déterminés par le souverain de la communauté. Le droit de frappe de la monnaie finit par devenir un droit gouvernemental, un droit régalien. Il n'est pas loisible aux particuliers de fabriquer de la monnaie.

Nous venons de voir que, à l'intérieur d'une communauté, le commerce ne devient possible que par l'apparition d'une commune mesure de valeurs, qui est la monnaie métallique.

L'évolution qui vient d'être expliquée pour une communauté, et qui aboutit à l'apparition de la monnaie s'effectue dans tous les groupements humains en suivant le degré de civilisation matérielle de chacun d'eux. Ce qui diffère entre chaque communauté c'est la valeur de l'unité monétaire adoptée, et aussi le métal employé, mais les métaux qui rencontrent le plus de préférences, même à des époques très reculées, sont l'argent et l'or.

Nous avons supposé jusqu'à présent que les marchandises ne circulaient qu'à l'intérieur des communautés, autrement dit, nous n'avons envisagé que le commerce interne.

Néanmoins, si un groupement humain produit en abondance une marchandise qui manque aux collectivités voisines, il est d'intérêt commun que cette marchandise soit échangée, contre d'autres marchandises appartenant à la seconde collectivité humaine. Ainsi apparaît le commerce extérieur.

Ce qui vient d'être expliqué pour le commerce intérieur, s'applique *mutatis mutandis*, au commerce extérieur également. La nécessité d'une commune mesure se fait sentir. A cet effet, les négociants emploient la monnaie de l'une ou de l'autre des deux communautés qui sont en relations.

Pour faciliter leurs opérations, ils fixent un rapport entre les deux monnaies ; ils fixent le prix de l'unité monétaire d'un groupement en unités monétaires de l'autre groupement. Le prix ainsi fixé est en théorie librement déterminé par les deux négociants ; en fait il ne s'éloigne guère du prix qui serait fixé en tenant compte de la quantité de métal pur contenu dans les deux unités monétaires respectives.

L'opération qui consiste à échanger une espèce de monnaie contre une autre s'appela le *change*. Le prix auquel la monnaie en question est échangée c'est le cours du change.

Si maintenant nous considérons une époque beaucoup plus récente de l'histoire, l'époque contemporaine, en examinant à fond les relations financières des peuples, nous ne trouvons pas de différences essentielles avec les époques plus primitives de la civilisation. Aux communautés ou groupements auxquels nous faisions allusion, sont substitués les États modernes. Dans chaque État il y a une monnaie officielle qui a cours légal : le gouvernement se réserve le monopole de la frappe de cette monnaie. Cependant de grands perfectionnements ont été apportés pour faciliter le commerce international. Les négociants ne sont plus obligés pour régler leurs dettes d'envoyer du numéraire en espèces ; ils évitent ainsi les frais considérables de transport et surtout ils échappent aux risques inhérents à tout envoi de métal précieux.

Comment est-on parvenu à ce degré de perfectionnement ? Grâce à la création des effets de commerce ; et surtout grâce à l'entremise des grandes organisations financières que sont les banques. De nos jours lorsque un État importe une certaine quantité de marchandises, il en exporte aussi une quantité qui en temps normal est du même ordre de grandeur. Si donc le règlement était effectué grâce à l'envoi de numéraire nous aurions deux courants de métaux précieux circulant en sens inverses. Grâce aux effets de commerce, ces deux courants s'annulent réciproquement, pour le plus grand profit des commerçants.

Supposons que le commerçant Bernard résidant à Paris et ayant importé d'Angleterre des marchandises valant £ 100 et appartenant à John de Londres, veuille liquider sa dette. Bernard pourra envoyer pour régler sa dette une quantité d'or valant £ 100. Mais en pratique il s'y prendra autrement. Il enverra à John une lettre de change sur Londres qu'il se procurera à Paris en s'adressant à un commerçant français ayant envoyé des marchandises en Angleterre. De la sorte aucun des quatre commerçants en question n'a été obligé d'envoyer du numéraire Outre-Manche et cependant les créances et les dettes se trouvent éteintes.

La combinaison qui vient d'être expliquée pour Bernard et John peut être appliquée par la plupart, par tous les commerçants, et l'on conçoit que la chose soit possible puisque nous venons de voir qu'à peu de chose près, et en temps normal les importations d'un pays sont équivalentes à ses exportations.

Jusqu'à présent, et pour la clarté du raisonnement nous n'avons parlé que de créances et de dettes résultant uniquement des relations commerciales, en supposant que le commerce était la seule source de créances ou de dettes entre les nations. Cet état correspondait à la réalité jusqu'à une époque assez récente, car alors l'interdépendance économique des peuples était rudimentaire. La balance des comptes se confondait pratiquement avec la balance commerciale.

Aujourd'hui la situation se trouve changée. Le commerce extérieur se trouve être toujours le facteur le plus considérable de la balance des comptes. Mais à côté de lui, il existe un nombre croissant de relations entre États qui font naître des créances et des dettes. Néanmoins au point de vue théorique et pour la question qui nous intéresse, il n'y a pas de changement ; pour simplifier on peut assimiler les créanciers d'un état à des exportateurs, et considérer les débiteurs comme des importateurs.

Il nous reste maintenant à préciser la notion du change. Nous avons vu que lorsqu'un commerçant français veut désintéresser un créancier anglais d'une dette de £ 100 par exemple, il préfère, au lieu de lui envoyer de l'argent comptant, acheter à Paris une traite de £ 100 et la lui envoyer. Pour acheter la traite de £ 100 le commerçant français paie une certaine quantité de francs français. L'opération qui consiste à acheter une monnaie étrangère contre une autre monnaie s'appelle le change. Le prix auquel on achète la monnaie étrangère est le cours du change. Ainsi, à supposer que le commerçant parisien ait donné 12.000 francs pour acheter les £ 100 nous dirons que le cours du change est de 120.

De quoi dépend le cours du change ?

Pour répondre à cette question, il faut nous reporter à ce qui a été dit concernant la monnaie. Les pièces de monnaie, avons-nous dit, sont des lingots de métal dont le titre et le poids sont garantis par le Gouvernement. Dans ces conditions elles circulent très facilement. Nous avons constamment supposé jusqu'à présent que l'État s'acquittait scrupuleusement de ses devoirs relatifs à la frappe de la monnaie, que le titre garanti par un État était toujours exact, de même que le poids des pièces de monnaie. L'histoire de tous les âges nous enseigne qu'il n'en est rien, et que toutes les fois qu'un Gouvernement se trouve à court de ressources, il n'hésite pas à falsifier la monnaie. En général, c'est au titre des pièces que le Trésor s'attaque ; bien qu'ayant le même poids une pièce de monnaie contient de moins en moins de métal précieux. La période de la décadence romaine nous fournit un exemple classique. Sous l'ancien régime, la falsification de la monnaie était de pratique courante et le Trésor possédait des expédients extrêmement ingénieux pour arriver à ses desiderata. Citons la fabrication de la monnaie *saucée* qui consistait à laisser séjourner les pièces de monnaies dans un acide, — dans une sauce — qui leur enlevait une bonne partie du métal précieux.

De nos jours, la falsification de la monnaie a été singulièrement facilitée grâce à la circulation du papier-monnaie. Dans un pays donné à monnaie métallique, l'État peut lancer dans la circulation des billets de banque avec la promesse qu'ils seront remboursables en métal précieux au porteur et sans conditions. Tant que la convertibilité du billet de banque est maintenue, le pays a une circulation métallique ; en pratique le billet de banque ne diffère pas d'une pièce d'or ou d'argent. La circulation de billets de banque est même plus commode que celle de la monnaie métallique.

Néanmoins une circulation de billets de banque offre de sérieux dangers. Grande est la tentation pour le Gouvernement de supprimer la convertibilité des billets de banque. C'est une falsification manifeste et aisée de toute la monnaie circulant sous forme de billets de banque.

Lorsque nous nous demandons de quoi dépend le cours du change, il nous faut envisager deux hypothèses. La première est celle où l'État s'acquitte honnêtement de ses devoirs relatifs à la frappe de la monnaie ; quant à la seconde c'est celle où la monnaie mise en circulation est falsifiée par le Gouvernement lui-même.

Envisageons le cas de deux pays à monnaie saine, et pour simplifier supposons que dans chacun de ces deux pays le métal servant de monnaie est le même, l'or par exemple. Quand il s'agit de déterminer le cours du change entre ces deux pays on est tenté de dire que le change doit être égal au quotient de la quantité d'or contenue dans la monnaie étrangère divisée par la quantité d'or contenue dans la monnaie nationale. Tant que ces quantités de métal précieux restent stables le change restera stable. Notre question est donc résolue. La pratique des affaires nous enseigne que cette stabilité n'est jamais atteinte même entre pays à monnaie entièrement saine ; lorsqu'un commerçant achète une lettre de change pour l'envoyer à l'étranger, il paie tantôt plus, tantôt moins que le pair déterminé par le quotient des deux quantités d'or contenues respectivement dans les deux monnaies. Empressons-nous d'ajouter cependant que jamais le cours du change ne s'écarte beaucoup du pair, il oscille toujours autour du pair.

La situation que nous venons d'expliquer se rencontrait dans les relations entre la majorité des pays européens à la veille de la guerre de 1914.

Les fluctuations du cours du change sont beaucoup plus amples pour un pays dont la monnaie n'est plus saine. Laissons de côté le cas qui n'offre plus qu'un intérêt historique où la monnaie a été falsifiée grâce aux procédés variés imaginés par un Trésor besogneux, et considérons les pays où par suite de la suppression de la convertibilité du billet de banque la circulation devient entièrement fiduciaire. Dans ce cas les changes subissent des fluctuations dont l'intensité est inconnue par les systèmes monétaires à base métallique. Pour employer l'expression de Paul Leroy-Beaulieu, les changes deviennent *erratiques*. L'ampleur des fluctuations du change peut atteindre parfois des proportions que l'esprit humain se refuse souvent à concevoir.

Dans l'un ou l'autre de ces cas, de quoi dépendent les variations du change ? C'est ce que nous essaierons d'élucider dans la première partie de notre ouvrage. Nous exposerons les principales théories qui ont été émises jusqu'à présent à propos de la question du change. Nous n'avons pas l'ambition d'exposer toutes les théories qui ont été élaborées jusqu'à nos jours. Nous n'avons pas non plus la prétention de ne mentionner que les plus importantes ; nous nous bornerons à résumer les théories du change qui à notre sens sont les plus représentatives.

La question du change n'a commencé à préoccuper les économistes que vers la fin du XVIIIe siècle. Ricardo fut le premier économiste qui élabora une théorie sérieuse du change. Cette théorie complétée par Stuart Mill fut reprise et développée par Goschen dans son magistral

« *Traité des changes étrangers* ». C'est la théorie de la balance des comptes. M. Arnauné tout en acceptant la théorie du change telle qu'elle est expliquée par Goschen, essaie de l'adapter aux conditions nouvelles de la vie économique.

La théorie de la balance des comptes était presque unanimement admise à la veille de la grande guerre, et l'on pouvait la considérer comme la théorie officielle en matière de change.

La guerre de 1914 vint porter un rude coup à beaucoup de doctrines économiques et ne ménagea pas plus la théorie du change.

Pour expliquer les phénomènes du change, certains auteurs étudièrent la théorie de la monnaie et crurent trouver une explication du change dans la théorie quantitative de la monnaie.

Cette théorie qui nous paraît incomplète trouva un heureux complément dans la théorie de Cassel.

Peu d'années après l'armistice le Prof. Cassel, professeur d'Économie politique à l'Université de Stockholm émit à la lumière des bouleversements monétaires qui sévissaient sur tout le monde, la théorie dite de la parité des pouvoirs d'achat qui eut une immense fortune. Il est curieux de constater que cette théorie se retrouve dans les écrits de Ricardo. Néanmoins comme la théorie de Ricardo aboutit à des conclusions différentes, nous avons préféré l'étudier avec la théorie de la balance des comptes.

M. John Maynard Keynes, professeur à Cambridge, tout en acceptant les grandes lignes des opinions de

Cassel, y apporte plusieurs correctifs; il essaie notamment de concilier la théorie de Cassel avec la théorie de la balance des comptes.

Enfin, nous parlerons de deux théories qui nous paraissent plus en rapport avec les conditions actuelles de l'activité économique des nations. Ce sont des théories que nous qualifions de synthétiques parce qu'elles ne prennent pas parti pour l'une ou l'autre des théories du change connues. Elles essaient de concilier tout ce qu'il y a de bon entre chacune des théories antérieures, et cherchent à coordonner tous ces éléments en apparence disparates. Ce sont : la théorie de M. Aftalion et celle de M. Germain-Martin.

Lorsque les économistes essaient d'expliquer les causes des variations du change, ils commencent par se demander quel est l'objet du change. La théorie du change construite dépend surtout de la réponse donnée à cette question. Les partisans de la théorie de la balance des comptes répondent que l'objet du change est une somme d'argent payable sur une place étrangère, une somme d'argent qui sert à rembourser une dette à l'étranger, autrement dit, c'est un pouvoir libératoire. Le cours du change dépend donc des quantités offertes et demandées de ce pouvoir libératoire par application pure et simple de la loi de l'offre et de la demande.

Or, les quantités offertes et demandées des devises étrangères dépendent de la balance des comptes, donc le prix du change dépend de l'état de la balance des comptes.

A la question qui consiste à demander quel est l'objet

du change les adeptes de la théorie de la parité des pouvoirs d'achat, tels que le Prof. Cassel, répondent que l'objet du change est une monnaie étrangère. Or, la valeur d'une monnaie dépend de sa qualité, c'est-à-dire de son pouvoir d'achat ; plus une monnaie a un pouvoir d'achat élevé et plus le cours du change respectif est élevé.

M. Aftalion admet que l'objet du change est une monnaie étrangère, mais il ajoute que la valeur de la monnaie étrangère ne dépend pas seulement de son pouvoir d'achat actuel, elle dépend aussi du pouvoir d'achat futur espéré par les détenteurs de la devise étrangère. Une monnaie étrangère à faible pouvoir d'achat aura un cours de change élevé, s'il y a de bonnes raisons de croire que son pouvoir d'achat futur sera beaucoup plus grand. Donc, pense le Prof. Aftalion, l'objet du change n'est pas simplement un pouvoir d'achat, c'est aussi un objet de spéculation. Le cours du change dépendra donc en grande partie des prévisions sur l'avenir de telle ou telle monnaie étrangère.

Quelles sont les différences fondamentales entre ces trois théories dominantes ? — Théorie de la balance des comptes, — théorie de la parité des pouvoirs d'achat, théorie synthétique. — La théorie de la balance des comptes est une théorie quantitative, elle fait dépendre le cours du change de deux quantités, quantité offerte et quantité demandée de devises étrangères. Elle applique la loi de l'offre et de la demande dans son acceptation ancienne, c'est-à-dire sans tenir compte des prix auxquels sont offertes ou demandées les devises.

La théorie du Prof. Cassel est une théorie qualitative.

Elle ne se préoccupe pas des quantités offertes et demandées, mais elle prétend donner une solution au problème du change en se tenant à la qualité des devises, c'est-à-dire à leurs pouvoirs d'achat.

Nous pouvons considérer la théorie de M. Aftalion comme étant une application de la loi de l'offre et de la demande suivant la conception moderne, en faisant intervenir tant les facteurs quantitatifs que les facteurs qualitatifs. Le cours du change dépend bien de la balance des offres et des demandes, mais la balance ne s'effectue que compte tenu des prix auxquels ces offres et ces demandes sont faites.

CHAPITRE II

La Théorie de la Balance des Comptes

La théorie de la balance des comptes était, à la veille de la guerre, la théorie du change qui avait l'approbation de la plupart des économistes. Il faut noter qu'à cette époque, qui nous paraît aujourd'hui très lointaine, les variations du change étaient comparativement très réduites et la théorie de la balance semblait expliquer amplement les oscillations qu'on constatait. Aujourd'hui, après une période de quinze années, excessivement fertile en événements instructifs, les économistes ont eu l'occasion de percevoir les insuffisances de la théorie dominante d'autrefois. Néanmoins, comme nous le verrons, si la théorie de la balance des comptes ne peut plus être considérée comme théorie exclusive du change, elle a trait, du moins, à un des facteurs les plus importants des variations du change ; aussi, doit-elle avoir sa place dans toute théorie moderne, qui prétend donner un tableau complet des éléments complexes qui influent sur le cours des changes.

§ 1. — *La théorie Ricardienne du change*

Ricardo fut l'un des premiers économistes qui nous donnèrent une théorie scientifique des variations du change. Cette théorie se résume en ceci : le cours du change dépend de l'état de la balance du commerce ; toutefois, au cours de ses explications, Ricardo émet des idées qui seront la base de la théorie de la parité des pouvoirs d'achat telle qu'elle a été exposée au lendemain de la grande guerre par le Prof. Cassel.

Voici la théorie sur le commerce extérieur en général que Ricardo développe dans ses *Principes d'Economie politique.*

Tout d'abord, Ricardo se demande de quoi dépend la valeur de la monnaie métallique d'un pays. Pour plus de simplicité, nous supposerons que la monnaie du pays est l'or. D'après l'économiste anglais, l'or a une valeur d'autant plus grande qu'il est plus rare ; par conséquent, si nous nous reportons à une période très reculée de l'histoire, nous trouvons que l'or a un pouvoir d'achat d'autant plus grand, que le pays considéré est plus éloigné des mines d'or. En effet, pour ces pays éloignés, il faut ajouter à la valeur intrinsèque de l'or, le coût de son transport qui par hypothèse est très élevé.

A mesure que la quantité d'or existant dans le monde augmente, et que les prix de transport tendent à diminuer de plus en plus, la valeur de l'or tend à se niveler dans tous les pays du monde ; néanmoins, des différences subsistent encore mais très atténuées. Dans un pays non producteur de métal jaune, l'or n'est importé que contre une marchandise exportée. Or, si la marchandise est encombrante et que son exportation est coûteuse, le résultat est le même que si l'importation de l'or était coûteuse. Si, inversement, le produit exporté a une grande valeur sous un petit volume, cela revient à dire qu'on peut importer l'or à peu de frais.

La conclusion est que l'or sera plus abondant dans les pays à développement industriel que dans les pays exportateurs de matières premières.

Donc, la valeur de l'or, c'est-à-dire son pouvoir d'achat sera supérieur dans les pays peu évolués que dans les pays à développement industriel intense (comme par exemple, l'Angleterre).

On voit que jusqu'à présent, Ricardo n'a pas encore abordé la question du change. Mais nous trouvons ses idées lorsqu'il expose ses vues sur le commerce international.

Supposons que dans un pays les importations dépassent les exportations. Comme il est évident que toutes les transactions doivent être liquidées en fin de compte, nous verrons l'or quitter le pays pour se diriger vers les pays dont les marchandises ont été importées en excédent. L'exportation de l'or provoquera une pénurie de monnaie dans le pays en question, et sera la cause d'une baisse générale des prix, qui stimulera les exportations et découragera les importations de sorte que finalement l'équilibre sera rétabli et l'or sera rapatrié.

Empressons-nous d'ajouter que Ricardo considérait l'hypothèse ci-dessus comme tout à fait théorique. En fait, ces mouvements de l'or provoquant une pléthore ou une pénurie de monnaie dans un pays sont très lents à rétablir l'équilibre de la balance commerciale.

D'ailleurs, dit Ricardo, le commerce international possède un autre instrument d'une merveilleuse sensibilité qui ramène aussitôt l'équilibre rompu de la balance. Cet instrument c'est le *change*. Lorsque la balance commerciale est défavorable pour un pays, ceci signifie que le pays en question a importé plus qu'il n'a exporté ; autrement dit que les paiements qu'il doit faire à l'étranger sont supérieurs aux sommes qu'il recevra. Or, comme dans la vie courante les commerçants trouvent plus économique de faire leurs paiements au moyen de lettres de change, il y aura pour ces dernières, une demande forcément plus grande que l'offre. Le résultat très conforme à la loi de l'offre et de la demande sera une hausse des lettres de change sur l'étranger, d'où baisse du change national.

D'après ce qui vient d'être dit, on s'aperçoit que Ricardo est partisan de la théorie quantitative de la monnaie. On sait que cette théorie consiste à affirmer que la valeur de l'unité monétaire d'un pays dépend de la quantité de monnaie circulant dans ce pays. Lorsque Ricardo examine le cas d'un pays à circulation de papier-monnaie, il tient toujours compte de cette théorie, et ses conclusions se rapprochent singulièrement des idées du professeur Cassel.

Si un pays, l'Angleterre par exemple, qui en temps normal se contente d'une circulation de 10 millions de livres sterling par exemple, adopte un étalon de papier et augmente sa circulation à 20 millions de livres il résulte un accroissement général des prix du simple au double.

Au point de vue commerce international de l'Angleterre, le bouleversement ne serait cependant pas aussi grand qu'on est tenté de le croire, car la baisse de la valeur interne de la monnaie provoque une baisse correspondante de sa valeur internationale. Par conséquent si les importations de la Grande-Bretagne doublent en valeur exprimée en livres sterling, elles n'ont pas en réalité augmenté de volume.

C'est bien l'esquisse de la théorie de la parité des pouvoirs d'achat que nous trouvons chez Ricardo. Néanmoins, si nous persistons à rapprocher la théorie ricardienne du change de la théorie de la balance des comptes, c'est que l'éminent économiste anglais considérait le cas d'un pays à papier-monnaie déprécié comme un accident assez exceptionnel. Il estimait avec juste raison que tout pays dans une telle situation devrait retrouver sa devise métallique auquel cas les variations du change sont commandées par l'état de la balance des comptes.

§ 2. — *John Stuart Mill et les Gold-points*

La théorie de la balance des comptes formulée par Ricardo fut dans ses grandes lignes, admise sans conteste par la plupart des économistes, qui suivirent. Nous ne mentionnons que John Stuart Mill qui tout en reprenant la théorie ricardienne, en développe certains points, notamment ce qui concerne les gold-points.

Nous avons vu avec Ricardo que dans un pays donné lorsque les exportations envers un autre pays sont moins considérables que ses importations, les lettres de change sur ce second pays étant quantitativement moindres que la demande des commerçants importateurs, il s'ensuit une concurrence entre ces derniers qui aboutit à la hausse du change du second pays. Le phénomène inverse se produit si les exportations l'emportent sur les importations.

Stuart Mill ajoute que les variations du change en question qui oscillent autour du pair ont des limites que nous pouvons déterminer mathématiquement ; ce sont les points d'or, les *gold-points*. Si, à la suite du processus qui vient d'être expliqué, le change d'un pays s'élève au-dessus du pair d'une façon inquiétante pour les débiteurs de l'étranger, les commerçants qui trouvaient économique le paiement par voie de traite s'apercevront qu'il n'en est plus ainsi. Aussi chercheront-ils un autre moyen moins onéreux de régler leur dette. Leur esprit se portera immédiatement sur le mode de payer une dette à l'étranger qui était pratiqué dans une époque antérieure, le paiement direct au moyen de métal précieux. Nous savons que les commerçants répugnent à l'idée d'envoyer de l'or à l'étranger parce qu'ils sont obligés de payer outre le prix de l'or, les frais de transport et d'assurance auxquels s'ajoute l'intérêt. Mais si le change sur l'étranger est tellement élevé qu'un effet sur l'étranger coûte plus cher que le prix global de l'or et des frais de transport, d'assurance et d'intérêt, les commerçants préfèreront régler leurs transactions en numéraire.

Admettons que pour envoyer à Londres un poids d'or valant £ 100, un commerçant de Paris soit obligé de débourser une quantité de francs qui calculés au pair valent £ 102. Si le cours à Paris d'une lettre de change sur Londres, de £ 100 s'élève à £ 103, il va de soi que les paiements entre Paris et Londres s'effectueront en numéraire. Ajoutons que le cas en question ne se présentera jamais en pratique. En effet, si les exportateurs préfèrent s'acquitter de leurs dettes, en envoyant du métal précieux, la demande d'effets sur Londres diminuera d'autant ; les détenteurs d'effets sur Londres désireux de se débarrasser de leurs titres et ne trouvant pas d'acquéreurs accepteraient facilement une réduction du prix de leurs traites.

Il s'ensuit que jamais le cours du change ne pourra dépasser ce que pourrait coûter l'envoi en numéraire. Le plus haut point que peut atteindre le cours du change étranger est le *gold-point* de sortie, le point où il devient avantageuxd'exporter de l'or.

En faisant un raisonnement inverse, mais en tous points identiques, on arrive à la conclusion, que le cours minimum du change étranger est le *gold-point* d'entrée.

Donc, s'il est exact que le cours du change oscille constamment autour du pair, nous pouvons être cependant certains que ces variations resteront rigoureusement limitées entre les *gold-points* d'entrée et de sortie. Le prix du métal jaune étant connu et d'autre part le coût de transport et d'assurance pouvant être facilement déterminé ainsi que l'intérêt, il s'ensuit que nous pouvons mesurer avec une rigoureuse exactitude l'amplitude maxima des variations du cours du change.

En envisageant un pays quelconque, lorsque le cours du change étranger s'élève à un point tel que l'or émigre à l'étranger, c'est que le *gold-point* de sortie a été atteint. Si d'un autre côté le change s'abaisse de façon à créer un courant de métal jaune se dirigeant vers le pays, nous dirons que le cours du change a touché le *gold-point* d'entrée.

Stuart Mill explique le rôle que joue le crédit dans les questions du change. Grâce au crédit l'état de la balance des comptes ne conserve plus l'aspect qu'elle aurait eu si toute opération commerciale se réglait sur le champs. Si les créanciers du pays A accordent à leurs débiteurs du pays B de longs crédits, le change du pays B sera favorablement influencé car l'offre de traites sur B sera momentanément restreinte. En accordant rationnellement le crédit aux époques où le change d'un pays fléchit les commerçants peuvent rendre ainsi d'incalculables services desquels ils sont les premiers à en profiter.

Il serait peut-être superflu d'ajouter que tout ce qui vient d'être dit au sujet des *gold-points* ne s'applique qu'au cas de circulation métallique, ou de convertibilité absolue, ce qui suppose une entière liberté dans les mouvements des métaux précieux.

Il nous faut dire maintenant quelques mots sur deux expressions courantes, assez particulières. On parle de changes favorables et de changes défavorables, suivant que le cours du change se rapproche du *gold-point* d'entrée ou de sortie. De nos jours, il ne vient à l'esprit d'aucun économiste de prétendre que la richesse d'un pays se mesure à la quantité plus ou moins considérable de métaux précieux existant dans le pays considéré, aussi les expressions changes favorables ou défavorables n'ont plus de sens. Ce sont des vestiges des idées qui avaient cours à l'époque où les états adoptaient une politique bullioniste en cherchant à accumuler dans le pays le plus de métaux précieux, s'imaginant qu'ainsi la richesse du pays augmenterait.

Il nous reste maintenant à faire une remarque importante sur laquelle Stuart Mill ne manque pas d'insister en terminant son chapitre sur les changes étrangers. Toutes les fois que nous avions eu besoin d'illustrer par des exemples la circulation des lettres de change, nous avons constamment envisagé que les rapports de deux pays seulement. Il est évident qu'en fait c'est l'ensemble de la balance des comptes qu'il faut envisager. Un pays peut bien avoir une balance débitrice envers un autre pays, si dans son ensemble la balance est créditrice son change se maintiendra assez haut.

Si on n'analyse pas les transactions commerciales entre les divers pays on est tenté de dire que le change d'un pays sera favorable envers les pays où la balance des comptes est créditrice, et qu'il sera défavorable envers ceux avec lesquels la balance des comptes accuse un déficit. Or, il n'en est rien ; à un moment donné le cours du change d'un pays est à peu de chose près le même dans la plupart des pays du globe. Ceci est un résultat du fait qu'il ne faut envisager pour la question du change que l'ensemble de la balance des comptes. Deux États peuvent régler leurs créances et dettes réciproques, soit directement en s'envoyant des lettres de change soit indirectement en se procurant des effets sur une place tierce. Supposons qu'à un moment donné il y ait à Londres une pénurie de lettre de change sur Paris ; si en même temps il y a pléthore de lettres de change sur Paris à Hambourg, les commerçants anglais au lieu de persister à chercher des lettres de change français chez eux, préféreront régler leurs dettes par la voie indirecte de Hambourg. C'est ainsi qu'on peut expliquer que le change d'un pays donné conserve pratiquement le même cours dans tous les pays du monde.

Londres nous offre un exemple typique de place tierce, où se règlent des opérations de change *indirect*. On sait que Londres est la place de change la plus importante du monde entier.

§ 3. — *La théorie de Goschen*

Nous aborderons à présent l'étude de la théorie de G. J. Goschen expliquée dans son célèbre *Traité des changes étrangers* dont la première édition remonte à 1861.

On peut considérer la théorie de Goschen comme le couronnement des théories de la balance des comptes élaborées par les écrivains de l'Ecole classique. Le mérite de Goschen consiste en ce qu'il entrevit la complexité des facteurs qui déterminent le cours du change et en particulier l'influence du taux de l'escompte.

Au début de son ouvrage Goschen se demande quel est l'objet du change ? Il répond que l'objet du change est une dette contractée par un étranger et payable dans le pays de cet étranger.

En envisageant deux pays qui sont en relations commerciales nous trouvons dans chacun d'eux un groupe de créanciers et un groupe de débiteurs de l'autre pays. Pour éviter le transfert de numéraire entre les deux pays, ces deux groupes échangent entre eux leurs créances et leurs dettes de sorte que le débiteur qui doit une somme à l'étranger peut parfaitement se libérer en payant sa dette à une personne habitant la même ville que lui. Tout ceci s'obtient grâce à l'échange et à l'envoi des lettres de change. « Ce qui fait l'objet du change, dit Goschen, dans la transaction simple et naturelle dont toutes les autres découlent, c'est l'échange d'une somme d'argent dans un lieu, contre une somme d'argent dans un autre lieu ».

Si les créances d'un pays sont de même importance que ses dettes, les lettres de change seront transmises pour leur valeur nominale, autrement dit le cours du change restera au pair. Mais si un pays a plus de dettes qu'il n'a de créances, les lettres de change qu'il a émises sont trop nombreuses, l'excès d'offres d'effets sur ce pays abaissera le cours du change. En envisageant l'hypothèse inverse on aboutit à la conclusion qu'un excès de créances sur l'étranger relève le cours du change du pays considéré.

Ainsi Goschen fait dépendre principalement le cours du change de l'état de la balance des comptes, laquelle est déterminée par l'état des engagements internationaux. Que comprennent les engagements internationaux? C'est ce que Goschen examine dans le second chapitre de son ouvrage.

La cause principale des engagements internationaux sont d'abord les créances et les dettes résultant d'opérations commerciales. Mais à côté de la balance commerciale figurent une foule d'autres causes génératrices d'engagements internationaux. Goschen mentionne en premier lieu l'emprunt. Si nous désirons assimiler l'emprunt à une opération commerciale, nous dirons que l'emprunt équivaut pour le pays emprunteur à des exportations. Il y a des esprits qui répugnent à l'idée de présenter un emprunt à l'étranger en termes aussi anodins, aussi repoussent-ils l'assimilation, si exacte pourtant. D'ailleurs, le même emprunt doit être considéré comme une importation de marchandises dans le pays emprunteur et comme une exportation dans le pays prêteur lorsqu'il s'agira de le rembourser ou simplement de payer les coupons. « La balance du commerce, dit Goschen, dépend des transactions à liquider » et « non pas de celles qui par consentement mutuel sont laissées en suspens pour une longue période de temps ».

Bref, l'emprunt a une influence sur les changes au moment où il est émis, il a également une influence toutes les fois que les coupons sont exigibles ou qu'il doit être remboursé. On doit envisager du même point de vue tout placement de fonds étrangers dans un pays donné ; on sait que de nos jours à cause de la spéculation internationale, ces placements ont acquis une ampleur inaccoutumée.

Parmi les autres modes suivant lesquels une nation devient créditrice ou endettée vis-à-vis d'une autre, Goschen mentionne les profits et les commissions, et il fait une place à part à la catégorie de profits représentée par les frets.

Une autre cause créant des engagements internationaux sont les dépenses de voyage et de résidence des nationaux dans les pays étrangers. Ici aussi en faisant un rapprochement avec le commerce international, nous assimilerons les dépenses de voyage et de résidence des nationaux à l'étranger aux sommes payées pour l'importation de marchandises. « Les effets tirés par les princes russes en voyage sur leur banquier de Saint-Pétersbourg, dit Goschen, influencent le change exactement avec la même force que des effets tirés sur Saint-Pétersbourg pour le champagne qu'on y fait venir de France ».

Après avoir donné ces quelques exemples, Goschen nous fait voir la complexité des éléments des engagements internationaux. Il dit que pour se faire une idée exacte de ce que peut être la balance des comptes, il faut faire entrer outre la balance commerciale une foule d'éléments secondaires, sans oublier les extravagances nationales telles que les emprunts fournis ou contractés à l'étranger et les extravagances individuelles comme par exemple les folles dépenses à l'étranger, ou les opérations irraisonnées des spéculateurs.

Dans le chapitre suivant, Goschen examine les différentes catégories d'effets étrangers. Il explique que tous les engagements internationaux se réalisent, en fin de compte, dans les lettres de change. Les diverses transactions commerciales ainsi que les transactions de toutes sortes énumérées plus haut se traduisent en lettres de change sur l'étranger.

Nous avons déjà vu (1) que ces lettres de change sont échangées soit directement entre les deux pays qui

(1) V. *supra* la théorie de Stuart Mill.

participent à l'opération, soit indirectement par l'intermédiaire de pays tiers. Nous avons également mentionné le rôle prépondérant de l'Angleterre dans ces transactions indirectes.

Les lettres de change auxquelles nous avons fait allusion jusqu'ici sont émises à l'occasion d'une affaire réelle ; elles sont émises pour liquider une dette existante.

A côté d'elles il peut y avoir une autre catégorie de lettres de change ne correspondant pas à une affaire. Ce sont les lettres de change tirées en blanc. Ces effets ne sont pas émis pour liquider une dette ; le tireur n'a pas d'obligation envers le bénéficiaire de la lettre de change ; ce sont uniquement des raisons de commodité qui décident les commerçants et les banquiers à créer de pareilles traites, et en effet les lettres de change tirées à blanc rendent de grands services dans la pratique des affaires.

Envisageons le cas d'un pays dont la balance des comptes est depuis de longues années en équilibre; supposons que c'est un pays agricole dont les exportations ont lieu vers la fin de l'année. Si l'ensemble de la balance des comptes annuelle est en équilibre, il va de soi qu'elle sera débitrice pendant plus de la première moitié de l'année pour devenir créditrice pendant les quelques mois de l'automne. Or, toute transaction commerciale doit nécessairement être liquidée, et comme les effets sur l'étranger seront insuffisants pendant le début de l'année, il y aura un courant de métal précieux se dirigeant vers l'étranger. Pendant la fin de l'année, au contraire, vu l'abondance d'effets sur l'étranger, le courant de métal précieux changera de direction et affluera dans le pays. Ce mouvement continu de l'or dans l'une ou l'autre direction n'est pas sans inconvénients et inflige d'inutiles dépenses aux commerçants. Grâce aux effets tirés à blanc, les inconvénients provoqués par le décalage inévitable entre époques d'importations et époques d'exportations sont supprimés. Pendant les époques ou sur le marché du pays les lettres de change sur l'étranger manquent, les commerçants émettent des lettres de change à blanc. Lorsqu'il y a pléthore de lettres de change sur l'étranger ce sont des lettres de change à blanc sur le pays qui sont émises.

Ainsi grâce aux effets tirés à blanc on obtient une certaine stabilité du change et on évite le transfert de numéraire dans l'un ou l'autre sens. Malheureusement, les gens peu versés dans les questions de banque internationale, voient d'un œil méfiant la création d'effets à blanc, qu'ils assimilent aux effets de complaisance. Leur point de vue est renforcé par le fait qu'en temps normal la création de tels effets passe inaperçue, tandis que leur existence est révélée toutes les fois que surviennent des difficultés dans le règlement des dettes. En réalité les services rendus par les effets tirés à blanc dans le domaine du change sont immenses.

Dans le quatrième chapitre, qui est le plus important du livre de Goschen, nous trouvons énumérés les divers éléments de valeur qui déterminent d'après l'auteur, les variations des prix des lettres de change.

Le premier élément qui influe sur le prix des effets, c'est l'offre et la demande. L'offre et la demande dépendent à leur tour du nombre et de l'importance des exporteurs et des importeurs. Goschen emploie les termes exporteurs et importeurs dans leur sens large, en y faisant rentrer dans ces deux catégories tous ceux qui créent une créance ou une dette vis-à-vis du pays. Suivant que les importeurs ou les exporteurs seront plus nombreux, les effets sur l'étranger verront leurs prix s'élever ou s'abaisser au-dessous du pair. Néanmoins jamais la prime offerte par les négociants pour se procurer du change étranger ne sera supérieure aux frets, assurance et intérêts du numéraire envoyé en espèces à l'étranger. C'est la théorie des *gold-points*, déjà développée par Stuart Mill.

Cependant, remarque Goschen, il y a des cas où les variations du change sont dues à des causes autres que l'état de la balance des comptes, et dans ces cas là, il se peut fort bien que les fluctuations du change dépassent de beaucoup les limites déterminées par les *gold-points*. Et comme exemple Goschen nous fournit la panique survenue aux Etats-Unis en 1861 et qui était alors d'actualité.

En 1861 on vit subitement les effets sur l'étranger et négociés à New-York baisser de valeur bien au-dessous du *gold-point*. Bien qu'il fut avantageux d'importer aux Etats-Unis de l'or, les cours des changes étrangers persistèrent à rester bas. Comment faut-il expliquer ce phénomène ? En tenant compte des circonstances générales qui commandent aux variations des changes.

On sait qu'en 1861 les perspectives de guerre civile aux Etats-Unis devinrent de plus en plus sombres. D'autre part, la balance des comptes de l'année qui venait de s'écouler, et en particulier de la balance commerciale étaient exceptionnellement favorables. Les détenteurs de changes étrangers inquiétés par les rumeurs de guerre civile voulurent liquider leurs effets pour avoir en main leurs disponibilités. La baisse du change étranger ne fut pas un frein aux offres, bien qu'il devint avantageux d'importer de l'or aux Etats-Unis. Les commerçants désireux de liquider leurs effets au plus vite ne pouvaient pas attendre l'importation de l'or, aussi sacrifiaient-ils quelques points sur leurs lettres de change.

On voit ainsi qu'une panique subite sur une place peut provoquer des variations du change dépassant d'ampleur les *gold-points*.

On peut découvrir d'autres causes des variations du change lorsqu'on songe que beaucoup d'effets ne sont pas à vue mais payables à une plus ou moins longue échéance. Dans ce cas-là le taux de l'intérêt que porte une lettre de change, joue un rôle de tout premier ordre ; en effet, dans ce cas la lettre de change ne sera pas seulement un moyen de paiement, ce sera aussi un placement. Plus donc le taux de l'intérêt sera élevé et plus la lettre de change sera appréciée, donc recherchée. On voit de la sorte toute l'importance que joue le *taux de l'escompte* en matière de change.

Mais il ne suffit pas que le taux de l'intérêt soit élevé pour attirer la demande de lettres de change. Il faut aussi que les personnes qui achèteront les effets aient la certitude qu'ils ne risquent pas de perdre leur argent, il faut qu'ils aient confiance, autrement dit, il faut que le crédit du pays dont ils achètent les effets soit solide.

Taux de l'escompte et crédit, voici deux éléments qui jouent un rôle des plus importants dans le cas où les effets sont payables à une échéance plus ou moins éloignée. Il serait faux pourtant de supposer que les variations du taux de l'escompte n'a d'influence que sur le cours du change long. Les effets courts sont tout aussi sensibles au taux de l'escompte que les effets longs ; ils subissent cette influence non pas directement mais par contre-coup. Voici comment. D'après ce qui a été dit, il est clair qu'un taux d'escompte élevé attire les capitaux étrangers dans le pays. Ceci provoque sur les places étrangères, une augmentation de la demande de lettres de change qui aboutit à une hausse générale du cours. Le change court s'élève tout aussi bien que le change long.

Ensuite Goschen examine le cas d'un pays dont la circulation est dépréciée par suite d'émissions de papier-monnaie. Cette hypothèse qui préoccupait déjà les économistes au temps de Goschen, n'avait nullement acquis encore l'angoissante réalité dont nous avons été les témoins depuis une quinzaine d'années.

Goschen envisage d'abord le cas d'un pays où malgré une circulation dépréciée, l'or circule librement. Dans ce cas la dépréciation du change suivra le niveau général des prix et en particulier le niveau des prix de l'or. Car supposons qu'il y ait un écart entre le niveau des prix et le cours du change, dans ce cas le créancier se fera remettre de l'or et ce mouvement de l'or ramènera forcément le cours du change au niveau du prix de l'or.

Mais examinons le cas beaucoup plus fréquent où le

métal précieux ne peut pas être envoyé à l'étranger, soit que son exportation soit prohibée par la loi ou que l'or manque totalement dans le pays. Dans ce cas, dit Goschen, les limites des *gold-points* entre lesquelles sont emprisonnées les variations du change sont détruites et le change peut impunément franchir ces points.

Dans de pareilles circonstances, dit Goschen, le problème du change est indéterminé ; le tout dépend de la loi de l'offre et de la demande. Lorsque l'offre n'égale pas la demande on ne peut pas dire d'avance jusqu'où ira la hausse ou la baisse du change. Il est vrai qu'une baisse trop violente du change d'un pays stimulera ses exportations, les prix intérieurs des denrées augmentant beaucoup plus lentement que ne baisse le change. La balance des comptes améliorée qui résultera pourra peut-être redresser le change national. Mais Goschen maintient que dans de pareilles conditions, toutes les prévisions qu'on peut émettre quant à l'ampleur des variations du change sont sujettes à caution.

Goschen fait la réflexion suivant laquelle il serait logique que dans un pays dont l'agent de circulation est déprécié, la baisse du change soit proportionnelle à la dépréciation de la circulation. Si, par exemple, le papier-monnaie circulant dans un pays subit une dépréciation interne de 5 0/0 il serait logique de voir le change de ce pays baisser de 5 0/0 par rapport aux pays à circulation métallique. Toutefois, ajoute Goschen, la réalité fait intervenir tant de facteurs, que pratiquement jamais les calculs élaborés sur cette base ne seront vérifiés. Aussi, vaut-il mieux considérer le problème comme indéterminé toutes les fois que dans un pays donné la circulation fiduciaire se déprécie.

Il importe de remarquer que Goschen n'étudie que les relations entre un pays à monnaie dépréciée et des pays à monnaie saine. Il aurait été bien plus embarrassé s'il avait à examiner les phénomènes du change entre deux pays à monnaie avariée.

Ayant exposé la théorie de Goschen sur les changes étrangers il ne nous reste plus qu'à mentionner quelques applications de ces principes que le savant auteur développe dans le dernier chapitre de son ouvrage lorsqu'il nous parle des correctifs des changes étrangers. Lorsque dans un pays donné les changes suivent des mouvements désordonnés qu'on doit atténuer « ce n'est pas la situation effective des changes qui doit être en réalité corrigée, mais c'est l'état des choses dont les changes ne sont que l'expression ».

Dans chaque cas particulier il faut rechercher la cause qui trouble le cours du change. Si le change baisse d'une façon inquiétante, et l'or émigre du pays, et si cette baisse du change est due à la dépréciation de l'agent de la circulation, le remède le plus approprié à une pareille situation est de revaloriser l'agent déprécié.

Il se peut que la baisse du change soit due à une balance commerciale déficitaire. Dans ce cas l'exportation de l'or paraît inéluctable puisque toute opération commerciale doit être inévitablement réglée. Comme les lettres de change seront par hypothèse insuffisantes, pour couvrir les dettes envers l'étranger le surplus d'importations doit être réglé au moyen de numéraire. Dans ces cas là une modification adéquate du taux de l'escompte peut être d'une grande utilité. Lorsque le taux de l'escompte s'élève dans un pays, les effets tirés sur ce pays sont vivement recherchés pour les raisons qui ont déjà été expliquées (1). Cet accroissement de la demande d'effets redresse le cours du change et compense ainsi la baisse provoquée par le déficit commercial.

De la sorte, grâce à la demande accrue de lettres de change nationales les diverses transactions peuvent être réglées sans qu'il soit nécessaire d'exporter de l'or.

D'une façon générale on peut tenir pour certain qu'une hausse du taux de l'escompte produit un relèvement du cours du change. Et Goschen nous donne un exemple choisi parmi plusieurs autres. On sait (2) que, en 1861, la panique à New-York des détenteurs d'effets étrangers provoqua une chute rapide des cours des changes européens, et en particulier du change anglais. Pour y remédier la Banque d'Angleterre employa l'instrument qu'elle disposait et éleva le taux de l'escompte. La demande accrue de change anglais non seulement à New-York mais sur les principales places du continent, releva rapidement le cours du change anglais.

En résumé lorsque la balance des comptes est déficitaire dans un pays, deux moyens peuvent être employés pour y remédier. Ce sont :

1° combler le déficit en augmentant les exportations et diminuant les importations et ;

2° élever le taux de l'escompte.

---

(1) Voir *supra*, page 34.
(2) Voir *supra*, page 33.

Si à un moment donné l'or est en train de quitter le pays, l'élévation du taux de l'escompte et subséquemment la hausse du change arrêtent cette émigration et parfois même provoquent une importation de métal jaune. De même lorsque les capitaux sont exportés en quantités massives, à l'étranger, une élévation des taux de l'escompte est à conseiller. L'appas du taux élevé de l'escompte déterminera les capitaux à rester dans le pays, et attirera même les capitaux étrangers.

Il y a cependant des gens qui déconseillent avec véhémence en pareilles circonstances, l'élévation du taux de l'escompte parce que, disent-ils, en période difficile, un taux élevé de l'intérêt est oppressif et augmente les pertes et les difficultés. Il est à peine nécessaire de répondre que les avantages produits par l'immigration de capitaux étrangers et la hausse du change sont plus que suffisants pour compenser les difficultés résultant d'un taux élevé de l'intérêt. Aussi faut-il considérer comme mal fondées les objections, à la politique d'escompte, de certains esprits chagrins. La Banque d'Angleterre a clairement compris le mécanisme du taux de l'escompte, aussi ne se fait-elle pas faute de le faire varier suivant les époques.

Ajoutons qu'une faible hausse du taux de l'escompte ne provoque pas toujours une immigration de capitaux. Il faut que le taux de l'escompte soit suffisamment élevé pour qu'il puisse contre-balancer les frais d'envoi de capitaux. D'autre part, un taux d'escompte très élevé aboutit en fin de compte à une importation de capitaux en or, provoquée par une élévation trop grande du cours du change. Des effets contraires doivent être attendus d'une baisse du taux de l'escompte ; baisse des effets, fuite des capitaux, exportations de métal, etc...

En résumé, la théorie de Goschen attribue les variations du change, en premier lieu à l'état de la balance des comptes, et en second lieu au taux de l'escompte. Elle fait également mention de certains facteurs plus impondérables tels que la confiance ou l'affolement du public. Élaborée au milieu du siècle dernier cette théorie semblait expliquer amplement les variations du change observées jusqu'alors ; dans les pages qui vont suivre nous verrons comment certains auteurs ont essayé d'adapter cette théorie aux variations fantasques du change pendant les années troublées qui viennent de s'écouler.

§ 4. — *La théorie de M. Arnauné*

Aug. Arnauné, président de chambre à la Cour des Comptes, reprend l'ancienne théorie de la balance des comptes complétée par Goschen, et essaie de l'adapter aux conditions nouvelles créées pendant et au lendemain de la grande guerre sur le marché des changes mondiaux. Il cherche à trouver l'explication des phénomènes extraordinaires des cours des changes qui apparurent au lendemain de la guerre dans les principes anciens de la balance des comptes.

M. Arnauné examine la question du change dans deux cas différents. Il envisage d'abord le cours du change entre pays possédant le même étalon métallique, comme c'était le cas avant 1914 pour la plupart des pays du monde (exception faite des États d'Extrême-Orient, à monométallisme argent) ; la tendance de la politique financière actuelle de la plupart des États est de revenir à ce régime. En second lieu Arnauné examine le cas des pays n'ayant pas le même étalon. Le cas courant qui ne s'est présenté que trop souvent depuis 1914, c'est celui des pays à circulation de papier-monnaie inconvertible.

Examinons avec Arnauné le premier cas, celui de pays ayant le même étalon métallique : la monnaie-or par exemple. Dans ce cas, deux causes ont une influence sur le cours des changes : la *balance des comptes* et le *taux de l'escompte.*

L'influence de la balance des comptes a été déjà développée en détail ; nous ne reprendrons pas les explications d'Arnauné car nous nous exposerions à des redites. Il suffit de se rapporter à la théorie de Goschen.

Les vues d'Arnauné sur le taux de l'escompte concordent également avec celles de Goschen. Le change, qu'il soit court ou qu'il soit long, est à la fois moyen de remise et de placement. Dès lors l'influence du taux de l'intérêt sur le cours du change peut être admise sans peine.

Cependant, Arnauné croit bon de faire une distinction suivant qu'il s'agisse de change court, ou de change long.

Le change court étant avant tout un moyen de remise et de paiement, son cours dépendra principalement de l'état de la balance des comptes. Cette balance doit s'entendre dans son ensemble envers toutes les places étrangères, car telles sont les relations complexes entre les divers pays qu'on remarquera toujours une tendance des cours de toutes les devises vers la parité. Arnauné ne manque pas d'ajouter que les oscillations du prix des changes sont étroitement limitées entre les *gold-points*, d'entrée et de sortie du métal précieux. « L'amplitude des oscillations du prix des changes courts, dit Arnauné, ne peut dépasser en prime ou en perte, l'équivalent des frais d'exportation ou d'importation du numéraire ».

Quant au taux de l'escompte, son influence ne fait qu'atténuer ou accélérer les effets causés par l'état de la balance des comptes. En fait de change court les variations du taux de l'escompte n'agissent que comme *cause adjuvante ou troublante*, la cause principale des variations du prix du change court résidant dans les modifications quotidiennes de la balance des comptes.

Quand il s'agit de change long, les mêmes causes — balance des comptes, et taux de l'escompte — influent toujours sur le cours du change, seulement la place la plus importante est tenue par le taux de l'escompte. Il ne faut pas oublier que le change long est un placement. Or, les capitaux se dirigent toujours là où le placement est plus rémunérateur. Dans un pays dont le taux de l'escompte vient d'être élevé il se produira une affluence de capitaux étrangers et le cas échéant d'or, le tout accompagné d'une hausse du change.

On comprend donc parfaitement que pour les effets longs, le taux de l'escompte soit généralement la cause prédominante des variations des cours ; « la balance des comptes intervient plutôt comme *cause adjuvante ou troublante* ».

Nous arrivons maintenant au point de la théorie d'Arnauné qui nous intéresse particulièrement et qui a trait au change entre pays n'ayant pas le même étalon. On sait que sur cette question les explications de Goschen sont trop insuffisantes.

Entre pays n'ayant pas le même étalon il n'y a pas de pair. La chose est d'autant plus manifeste lorsque les pays examinés ont une circulation fiduciaire. Laissant de côté les autres cas où deux pays n'ont pas le même étalon monétaire, nous ne considérerons que les pays à change fiduciaire.

L'expérience des dernières années démontre que le change dès qu'il devient fiduciaire se déprécie. La dépréciation est d'ordinaire si considérable que le prix du change s'abaisse bien au delà du point de sortie de l'or. A quoi est due cette dépréciation grave du change fiduciaire ? Arnauné en donne deux causes. La dépréciation est due, 1° à l'impossibilité de régler en métal les balances débitrices ; 2° à l'amoindrissement de la valeur du billet non convertible en espèces.

Nous avons vu dans le premier chapitre de notre ouvrage que grâce à l'organisation bancaire internationale, les règlements, en temps normal, des transactions entre pays pouvaient s'effectuer sans transfert de numéraire. Les déficits dans la balance des comptes sont comblés, soit par l'ouverture de crédits, soit par des effets tirés à blanc. Toutefois, si les crédits manquent le règlement qui doit avoir lieu inévitablement, se fait au moyen d'espèces ; c'est dans ces cas exceptionnels qu'on voit l'or se déplacer d'un pays dans un autre. Nous avons même vu toute l'importance des points d'or qui agissent en matière de change comme des soupapes de sûreté. Nous avons dit que les *gold-points* empêchent le cours du change de dépasser certaines limites en hausse ou en baisse.

Lorsque cependant le papier-monnaie devient inconvertible, les gold-points sont supprimés, il n'y a désormais aucun frein à la baisse du change du papier-monnaie inconvertible. D'autre part, le règlement des transactions internationales en métal précieux, ne peut plus avoir lieu, pour la raison que le métal précieux disparaît de la circulation d'abord parce que, le papier-monnaie étant inconvertible, on ne peut plus se procurer du métal et en second lieu parce que l'or qui déjà circulait dans le pays disparaît comme le veut la loi de Gresham.

Qu'arrive-t-il donc si la balance des comptes est déficitaire, si la demande d'effets sur l'étranger est supérieure à l'offre ? Pour Arnauné la réponse à cette question est que le change se dépréciera ; il perdra une part importante de sa valeur pour que les paiements puissent s'effectuer.

L'histoire financière des années qui suivirent la tourmente de 1914 sont d'après Arnauné une vérification de l'explication ci-dessus. De 1914 à 1921 la balance commerciale de la France est constamment en déficit. L'excédent des importations sur les exportations atteignait pendant les six années qui suivirent l'ouverture des hostilités le chiffre formidable de 107 milliards 458 millions de francs. Voici en chiffres ronds les détails de la balance commerciale de cette période exprimés en millions de francs :

	Importations	Exportations	Excédent des importations
	—	—	—
1915.	11.036	3.937	7.099
1916.	20.640	6.215	14.425
1917.	27.554	6.013	21.541
1918.	22.306	4.723	17.583
1919.	35.799	11.880	23.919
1920.	49.226	26.781	22.445

A partir de 1921 nous pouvons considérer que dans ses grandes lignes la balance commerciale française parvient à l'équilibre et si elle est en déficit, l'excédent des importations est insignifiant comparé aux chiffres des années 1915-1920.

Or, quelles furent les variations du change français pendant ces mêmes années ?

Si nous nous reportons à une monnaie relativement saine, le dollar, nous remarquons qu'à partir de janvier 1915 le cours du franc se maintient constamment au-dessous du pair, seulement de 1915 à 1919 la dépréciation du franc est très faible, la perte du change français n'est que d'environ 10 0/0, tandis qu'après 1919 et surtout après 1912 la perte du franc devient beaucoup plus considérable pour atteindre 50, 60, 70 0/0 et même plus.

Arnauné voit dans ces faits une confirmation de sa théorie du change. Si de 1915 à 1919 le cours du franc français a pu se maintenir tant bien que mal, malgré l'énorme excédent d'importations, ceci est dû aux crédits fournis à la France par les nations alliées et associées, notamment par les États-Unis et l'Angleterre. Grâce à ces crédits la demande de devises étrangères ne se fit pas sentir avec la même acuité qu'après 1919. Durant la guerre l'excédent des importations était en grande partie payée grâce aux crédits accordés à la France. Dès les premiers mois de 1919 la situation change. Les États-Unis et l'Angleterre ne veulent plus renouveler les crédits accordés à la France.

L'or ne pouvant pas sortir de France pour payer le déficit commercial, les importateurs français se font une concurrence sans merci pour obtenir des devises étrangères. Le résultat est la baisse rapide du change français.

Comment expliquer la baisse encore plus rapide du change français après 1921 lorsque la balance commerciale de la France se fut remarquablement améliorée ? Arnauné voit dans les « *crédits de spéculation* » une des causes de cet effondrement. Les « *crédits de spéculation* » jouèrent un rôle important en France après 1919. Tant que la spéculation internationale avait foi au redressement de la France, elle y envoya ses capitaux dans l'espoir de voir le cours du change français s'élever. Elle rendit ainsi d'incalculables services aux importateurs français en leur offrant des moyens de paiements à une époque où ils en manquaient. De cette façon les « *crédits de spéculation* » prévinrent une dégringolade encore plus accentuée du franc pendant les années 1919-1920.

Si après 1921 et malgré la balance améliorée du commerce, le change français continua de baisser, c'est que les spéculateurs internationaux, dont les espoirs furent déçus, se mirent à retirer leurs capitaux de France, et la quantité des moyens de paiement à l'étranger resta aussi insuffisante qu'auparavant.

La seconde cause de la dépréciation de change fiduciaire est d'après Arnauné, la dépréciation de la monnaie de compte. Arnauné met en garde ses lecteurs contre la confusion qu'ils pourraient commettre en confondant la dépréciation de la monnaie de compte avec la dépréciation du change. Pour fixer les idées nous qualifierons de dépréciation interne la perte sur le billet et de dépréciation externe la baisse du change.

Les partisans de la théorie quantitative de la monnaie prétendent que par le fait de l'accroissement de la circulation, l'agent monétaire se déprécie et cette dépréciation se manifeste par une hausse générale des prix.

Bien que Arnauné ne soit pas partisan de la théorie quantitative, il admet cependant que la monnaie s'est dépréciée en France. Seulement il n'attribue pas cette dépréciation à l'inflation monétaire. Si les prix ont haussé c'est que par l'augmentation des moyens d'achat mis à la disposition des consommateurs la demande de marchandises est accrue. Comme l'offre reste stationnaire et même diminue, par suite des circonstances dues à la guerre, ce sont les prix qui montent. Cette dépréciation interne de la monnaie de compte influe sur le cours du change d'une façon tout aussi néfaste que la balance commerciale déficitaire.

Avant de terminer, Arnauné ajoute quelques mots sur l'influence du taux de l'escompte. Nous avons vu lorsque nous examinions le cas des monnaies convertibles toute l'influence du taux de l'escompte. Lorsque les changes à la suite de l'inconvertibilité deviennent *erratiques*, le taux de l'escompte ne joue pratiquement presque aucun rôle. Un taux élevé de l'escompte, avons-nous dit, attire les capitaux parce que la rémunération est plus grande. Dans le cas de changes instables, la rémunération attendue d'un taux élevé de l'intérêt devient négligeable auprès des gains ou des pertes qui peuvent être occasionnés au capitaliste par les brusques variations du change. Les détenteurs de devises instables observent avec bien plus d'angoisse les oscillations du change que les variations du taux de l'escompte.

§ 5. — *Critique générale de la Théorie de la balance des Comptes*

Malgré la valeur incontestable des explications qui précèdent, la balance des comptes ne saurait servir d'explication à toutes les variations du change, et ses théoriciens ont eu le tort de ne pas expliquer plus d'une question embarrassante.

M. Aftalion remarque, à premier lieu, que la balance des comptes elle-même est une notion d'autant plus indéterminée que le cours du change subit des oscillations désordonnées. Supposons que pendant une période d'inconvertibilité en France, le cours de la livre sterling pendant une année se meuve entre 60 et 140 francs. Suivant que les importateurs étrangers de marchandises françaises choisissent une période de hausse ou de baisse de la devise française pour se procurer des francs, la balance des comptes française semblera en excédent ou en déficit. Dès lors, comment peut-on se baser sur une notion aussi fuyante de la balance des comptes pour élaborer une théorie du change ?

Les partisans de la théorie de la balance des comptes pourraient répondre à cette objection, que la difficulté d'évaluer avec exactitude les éléments de la balance ne saurait infirmer leur théorie et que d'autre part, si les statisticiens parvenaient à connaître exactement les prix de la devise française, qui ont été payés par les importateurs, ils seraient en état de donner un vrai tableau de la balance des comptes.

Mais M. Aftalion abordant le fonds de la question, fait une autre remarque d'après laquelle il existe plusieurs (trois au moins) notions de balance et qu'on ne voit pas très bien laquelle de ces notions il faudrait considérer pour appliquer la théorie du change.

Les trois notions de la balance sont :

1° La balance des comptes proprement dite, qui peut être en équilibre ou en déficit ;

2° La balance finale des règlements, qui comprend outre les éléments de la balance des comptes, les placements nouveaux de capitaux soit à l'étranger, soit dans le pays. La balance finale des règlements, nous dit M. Aftalion, se trouve toujours en équilibre, et pour s'en convaincre il suffit de se rendre compte que toutes les opérations entre un pays et l'étranger sont en fin de compte toujours liquidées. L'excédent ou le déficit de la balance des comptes, se trouve être comblé par les placements nouveaux en capitaux soit dans le pays soit à l'étranger ;

3° Enfin la troisième notion de la balance est la balance totale des règlements qui englobe non seulement les éléments de la balance finale mais aussi les opérations à court terme qui sont liquidées dans le courant de l'année.

Il est aisé de se rendre compte que la balance totale des règlements comme la balance finale est toujours en équilibre.

Or, si la balance finale et la balance totale des règlements sont constamment en équilibre, ces deux notions de balance ne sauraient provoquer les fluctuations du change. Seule la balance des comptes peut donc être prise en considération pour l'explication des variations du change. Mais alors nous nous voyons forcés de n'accorder aucune importance aux déplacements de capitaux, qui, comme nous l'avons vu dans les pages qui précèdent, jouent un rôle capital dans l'histoire du change. Voici comment s'exprime M. Aftalion à ce sujet. « Ou on comprend dans la balance, balance dite des règlements, l'ensemble des opérations donnant lieu à règlement, y compris les placements nouveaux en capitaux. Et alors la balance se présente en équilibre. Le change devrait rester toujours immobile. Ou on ne porte dans la balance, balance dite des comptes, que certaines des créances et des dettes principalement celles qui résultent des échanges dans l'année de marchandises et de services avec l'étranger. Et alors il y a bien un solde actif ou passif. Mais on omet des facteurs quantitatifs importants du change, lesquels peuvent détruire les effets des facteurs entrant dans la balance ».

L'objection ainsi présentée par M. Aftalion, ne

nous paraît pas décisive. Les théoriciens de la balance des comptes peuvent toujours répondre que c'est justement la façon dont est comblé l'excédent ou le déficit de la balance des comptes qui provoque les variations du change. Si un pays dont la balance des comptes est en déficit, trouve facilement à l'étranger les crédits qui lui sont nécessaires pour combler le déficit, le cours de son change ressentira à peine l'effet de la situation défavorable dans laquelle il se trouve. Ce fut le cas notamment de la France durant les années 1914-1918. Si, inversement un pays ne trouve pas à l'étranger les crédits qui lui sont nécessaires pour combler le déficit de sa balance des comptes, et qu'il en résulte une baisse du change national dont l'effet est d'attirer tôt ou tard les crédits étrangers, on voit bien que cette dépréciation du change a sa cause dans le déficit de la balance des comptes. Dans l'un ou l'autre cas, la balance finale des règlements reste en équilibre.

L'objection présentée en dernier lieu par M. Aftalion, nous paraît être celle qui met en évidence les vraies faiblesses de la théorie de la balance des comptes. Cette théorie ne fait entrer en ligne de compte qu'un seul élément quantitatif susceptible de provoquer les fluctuations du change. Or, l'expérience de ces dernières années nous a bien montré qu'à côté des éléments quantitatifs, il y a une foule d'éléments qualitatifs qui interviennent pour provoquer les variations du change surtout en période d'inconvertibilité. Nul ne peut nier que dans un pays dont les éléments de la balance des comptes restent stables, un changement dans les appréciations individuelles, un revirement de confiance, une nouvelle attitude de la spéculation, un affolement motivé ou non du public, sont autant de raisons indépendantes de la balance des comptes qui peuvent provoquer des perturbations du cours du change.

CHAPITRE III

Les théories du change inspirées de la théorie quantitative de la monnaie

—

Nous avons vu dans le chapitre précédent que la théorie de la balance des comptes expliquait d'une façon assez satisfaisante les variations du change dans les pays à monnaie convertible. Nous avons vu également comment ses partisans cherchent à expliquer les brusques oscillations du change des pays à monnaie inconvertible par l'état de la balance des comptes. Cependant, l'observateur impartial même s'il n'est pas versé dans la science économique, est frappé par un fait auquel il ne peut ne pas attribuer une grande importance. Depuis 1914 jusqu'à nos jours, les changes des divers pays ont subi des variations aussi fréquentes que profondes qui n'ont nullement concordé avec l'état plus ou moins favorable de la balance des comptes. Pour ne nous en tenir qu'à l'exemple de la France, nous voyons le cours du franc rester élevé de 1914 au début de 1919 malgré un effrayant déficit de la balance commerciale ; puis de 1919 à 1921 le franc se met à baisser bien que l'excédent des importations sur les exportations pendant les années 1919 et 1920 soit du même ordre de grandeur que le déficit de la période des hostilités. A partir de 1921 nous pouvons librement affirmer que la théorie expliquant le change par la balance des comptes est contredite par les faits. La balance commerciale revient à l'équilibre tandis que le franc perd de plus en plus sa valeur.

Plusieurs économistes pensèrent qu'il n'est plus possible d'expliquer les phénomènes du change par la comparaison des deux quantités déterminées ; la quantité d'offre et de demande de change étranger. A cette méthode purement quantitative, ils décidèrent de substituer une autre qui soit purement qualitative. Les opérations du change se réduisant en fin de compte à un échange de deux monnaies, le cours serait déterminé non pas par la comparaison des deux quantités offerte et demandée mais par les qualités respectives des deux monnaies.

Pour expliquer par conséquent les variations du change, il faudrait remonter à la théorie de la monnaie. Les adeptes de la théorie quantitative de la monnaie crurent trouver l'explication du change dans leur théorie. On sait que cette théorie quantitative qui était approuvée par la plupart des économistes jusqu'à la veille de la guerre, continue d'avoir aujourd'hui des défenseurs de grand talent.

Nous n'expliquerons pas ici tous les détails et les variantes de la théorie quantitative de la monnaie. De tels développements dépasseraient de beaucoup le cadre de notre ouvrage. Nous nous bornerons seulement à rappeler les points essentiels de cette théorie monétaire pour faciliter la compréhension des théories du change élaborées par ses partisans. On sait que la théorie quantitative de la monnaie a été développée dans les temps modernes avec une rare maîtrise par Irving

Fisher, professeur d'Economie politique à l'Université de Yale (1).

L'essence de la théorie quantitative de la monnaie consiste à affirmer que la qualité de la monnaie dépend de sa quantité. Pour démontrer cette affirmation, Irving Fisher fonde ses explications sur l'équation générale des transactions dont la précision et la simplicité contribuèrent pour beaucoup à l'immense fortune de la théorie quantitative.

Irving Fisher explique sa théorie en deux temps ; il suppose d'abord que dans un pays donné toutes les transactions sont réglées au moyen d'argent comptant, autrement dit qu'il n'y a pas de paiements au moyen de chèques. Ensuite il fait intervenir la circulation-chèques dans son raisonnement.

Supposons donc que dans un pays donné tous les achats se font au moyen de monnaie liquide : peu importe la nature de cette monnaie, qu'elle soit d'or, d'argent, ou de papier.

Désignons par D le total des dépenses qui eurent lieu dans le pays en question et pendant une période déterminée, une année par exemple. De même désignons par M la quantité totale de monnaie en circulation dans le pays. Si nous réfléchissons quelques instants sur ces deux quantités D et M, même sans le secours de chiffres statistiques, nous nous apercevons que D est un chiffre beaucoup plus considérable que M. D est un multiple de

---

(1) Irving Fisher, *Purchasing power of money*. Trad. franç. par R. Picard et J. Boutroux, Paris, Giard, 1926.

M. En effet, chaque unité monétaire ne sert pas à liquider une seule transaction par an, elle change de mains plusieurs fois par an, et même par jour. Une même unité monétaire sert à faire plusieurs achats en une année. Bref, la monnaie a une vitesse de circulation qui varie suivant chaque unité et suivant l'année envisagée. Soit V la vitesse moyenne de la circulation monétaire en une année. Ceci étant dit il est aisé de comprendre la relation qui existe entre D, M et V :

$$\frac{D}{M} = V$$

ou ce qui revient au même :

$$D = M\ V$$

D'autre part, la quantité D, est composée d'une foule innombrable de dépenses particulières plus ou moins importantes. Désignons par p le prix d'un article donné et par Q la quantité de cet article vendue en une année. Désignons également par p' le prix d'un autre article et par Q' la quantité correspondante vendue en une année et ainsi de suite. Nous aurons :

$$D = p\ Q + p'\ Q' + p''\ Q'' \text{... etc...}$$

Résumons le total du second membre de cette équation par le symbole Σ, nous aurons :

$$D = \Sigma\ p\ Q$$

ou mieux :

$$MV = \Sigma\ p\ Q$$

Nous pourrons simplifier encore davantage cette équation si nous employons le produit P T, dans lequel P désigne la moyenne générale des prix et T l'ensemble des transactions qui sont intervenues dans le pays. Nous aurons ainsi :

$$MV = \Sigma\, p\, Q = P\, T$$
$$MV = P\, T$$

C'est l'expression algébrique de l'équation générale des transactions sur laquelle se fonde Irving Fisher pour développer la théorie quantitative de la monnaie.

Nous remarquons jusqu'ici, en supposant toujours l'inexistence de dépôts en Banque dans le pays considéré que le raisonnement d'Irving Fisher est impeccable et que nul, partisan ou adversaire de la théorie quantitative de la monnaie, ne saurait mettre en doute l'égalité des transactions.

Envisagée à l'état statique, cette équation est une simple affirmation d'une chose d'ailleurs admise, et ne saurait servir de fondement à une théorie de la monnaie. C'est en l'envisageant à l'état dynamique qu'on aboutit aux conclusions d'Irving Fisher. Le savant professeur commence par dire que dans un pays donné le volume des transactions diffère peu d'une année à une autre pendant les périodes à peu près normales. Il ajoute également que, vu la nature humaine qui est réfractaire au changement d'habitudes, la vitesse V de la circulation varie peu avec le temps. Donc toute variation de M provoquera une variation corrélative de P. Toute augmentation de la circulation monétaire provoquera une hausse correspondante et générale des prix, car l'équation :

$$MV = PT$$

doit être toujours vérifiée. Même si la hausse des prix n'est pas générale certains prix hausseront beaucoup plus que d'autres pour compenser la différence.

Inversement toute réduction de la circulation monétaire provoquera une baisse des prix.

C'est en se basant sur ces idées qu'il acceptait pleinement mais qu'il ne développait pas avec autant d'éclat que Ricardo disait : « Quand l'Etat seul bat la monnaie, il ne peut pas y avoir de limites à ce droit de monnayage ; car en restreignant la quantité du numéraire, on peut en élever la valeur indéfiniment ». C'est en vertu de ce principe ajoutait Ricardo que circule le papier-monnaie.

Le point essentiel de la théorie quantitative de la monnaie est que les variations du volume de la circulation commandent aux variations des prix et que la moyenne des variations des prix est rigoureusement proportionnelle aux variations de la circulation.

Les adversaires de la théorie quantitative de la monnaie, ne discutent pas l'exactitude de la relation :

$$MV = PT$$

Ce qu'ils prétendent c'est que les variations de M loin d'être la cause des variations de P, en sont le résultat. Ce sont les prix qui, en augmentant ou en diminuant provoquent les variations du volume de la circulation.

D'autres auteurs, tout en acceptant la rigueur de l'équation :

$$MV = PT$$

prétendent que dans les nations civilisées les transactions qui s'effectuent au moyen d'argent comptant sont de beaucoup moins importantes que celles qui se règlent au moyen de chèques. La chose est particulièrement vraie pour l'Angleterre et les Etats-Unis. Irving Fisher lui-même donne pour les Etats-Unis les chiffres suivants : Il évalue la circulation totale de ce pays à 10 milliards 1/6 de dollars dont 1 milliard 2/3 constitué par de la monnaie métallique et fiduciaire, et le reste soit 8 1/2 milliards par des dépôts en Banque.

En faisant intervenir les dépôts en Banque nous arrivons à la deuxième étape des explications de Irving Fisher. Soit M' la quantité des dépôts en Banque susceptibles d'être transférés au moyen de chèques et V' la vitesse de circulation correspondante.

L'équation des transactions doit être complétée comme suit :

$$MV + M'V' = PT$$

Dans ces conditions est-il toujours possible d'affirmer que les variations de M provoquent une variation proportionnelle de P ? Les adversaires de la théorie quantitative de la monnaie auxquels nous faisons allusion plus haut, répondent que non. Le membre gauche de l'équation ci-dessus est composé de deux quantités distinctes MV et M' V', et nous avons déjà remarqué que dans les pays civilisés la grandeur M'V' est plus considérable que

MV, de sorte que si les variations de M ont une certaine influence sur P, celle-ci est insignifiante et il ne saurait être désormais question de proportionnalité entre les variations de la circulation monétaire et celles des prix.

Dans le troisième chapitre de son ouvrage Irving Fisher réfute cette argumentation qui semble pourtant être rationnelle. Irving Fisher admet que M' est une quantité bien supérieure à M, que M est un élément secondaire dans la somme MV + M'V' mais il ajoute que *les quantités de M' se règlent suivant les quantités de* M, que le rapport $\frac{M'}{M}$ est une constante ; la circulation-dépôts se règle d'elle-même sur la circulation monétaire.

Pour affirmer ceci, Irving Fisher se base sur deux faits qu'on peut vérifier facilement. En premier lieu, les réserves que les Banques maintiennent sont fixées d'une façon plus ou moins rigoureuse en fonction des dépôts qu'elles détiennent. En second lieu nous observons qu'en période normale les particuliers observent d'une façon tout aussi précise une règle analogue. Ils détiennent dans leurs caisses une somme de monnaie dont la moyenne pendant une période donnée est une fraction à peu près fixe dans leurs dépôts en Banque « quand la caisse commence à se vider, et que le compte est abondamment pourvu, on tire un chèque ; si le contraire vient à se produire on opère un dépôt de fonds ». C'est ainsi que Irving Fisher aboutit à la conclusion que dans un pays donné le rapport $\frac{M'}{M}$ est une constante. Par conséquent toute variation de M entraîne fatalement une variation proportionnelle de M' ; donc une variation proportionnelle de MV + M'V', puisque nous supposons que en période normale V et V' restent constantes. Comme d'autre part le niveau général des transactions T, varie peu d'une année à l'autre, Irving Fisher peut librement affirmer que toute variation de M entraîne une variation proportionnelle de P, même si on fait intervenir dans le raisonnement la circulation de chèques.

La conclusion générale qui se dégage est que les variations des prix sont provoquées par les variations du volume de la circulation monétaire, et que les variations du niveau général des prix sont proportionnelles aux variations du volume de la monnaie en circulation.

Les adversaires de la théorie ne nient pas — nous le répétons — l'exactitude de l'équation générale des transactions. Ils ne nient même pas le fait indubitable qu'il y a coïncidence entre les périodes de circulation abondante et de prix élevés. On s'étonne même que des personnes non dépourvues de mérite aient persisté à ne voir aucune relation entre le niveau des prix et le volume de la circulation. Vers le milieu du siècle dernier Goschen en faisait déjà la remarque : « Il y a beaucoup de gens qui ne peuvent entendre parler des rapports du niveau des prix avec le volume de la circulation, sans éprouver un sentiment voisin de la colère ».

L'objection fondamentale à la théorie quantitative de la monnaie est que les variations des prix ne sont pas la conséquence des variations du volume de la circulation ; elles en sont la cause. Ce sont les prix qui varient les premiers et provoquent les variations dans la quantité de monnaie en circulation, et l'étude des faits monétaires récents loin d'infirmer, semble confirmer cette manière de voir.

Telle est en résumé l'essence de la théorie quantitative de la monnaie, nous verrons maintenant comment ses partisans essaient d'expliquer les variations du change au moyen de cette théorie.

§ 1. — *La théorie quantitative de la monnaie comme théorie explicative du change*

Nous avons déjà vu que certains économistes ne trouvaient pas assez satisfaisante la théorie qui expliquait les variations du change par la balance des comptes, et qu'ils lui reprochaient de ne tenir compte que de facteurs quantitatifs, en négligeant complètement les facteurs qualitatifs.

Certains partisans de la théorie quantitative de la monnaie partent de l'idée que le change est un troc de deux monnaies différentes. Or, lorsqu'on échange deux choses différentes on tient compte des qualités de chacune ; de même pour la monnaie, lorsqu'on échange deux monnaies différentes, ce qui intervient dans les considérations des coéchangistes ce sont les qualités respectives des deux monnaies, c'est-à-dire leurs valeurs. Or, de quoi dépend la valeur d'une monnaie ? Les partisans de la théorie quantitative de la monnaie répondent sans hésiter, et avec force exemples à l'appui, que la qualité d'une monnaie dépend de sa quantité.

Pour déterminer par conséquent le cours du change des monnaies de deux pays, il suffit de comparer les volumes respectifs des circulations monétaires de ces pays. Si dans un pays donné la circulation monétaire reste stationnaire, et que dans un autre pays la circulation double, le change de ce second pays perdra 50 0/0 de sa valeur, et ainsi de suite. Supposons qu'en temps normal la circulation monétaire de la France soit de 10 milliards de francs et que celle des Etats-Unis soit évaluée à 4 milliards de dollars. Si au bout d'un certain temps et par une émission exagérée de billets de banque la circulation française atteint 50 milliards, la circulation américaine restant toujours la même (4 milliards de dollars) le cours du dollar à Paris haussera de 500 0/0. Si en temps normal le dollar valait 5 francs, il vaudra désormais 25 francs. Si cependant, tandis que la circulation française passe de 10 à 50 milliards, la circulation américaine augmente aussi pour atteindre 8 milliards de dollars, le cours du dollar à Paris serait de 12 fr. 50.

Tout se réduit donc à la comparaison des volumes des circulations monétaires des divers pays. Pour les partisans de cette théorie, la baisse du change d'un pays n'est due qu'à l'accroissement des moyens de paiement disponibles dans ce pays. Si à la suite de la grande guerre les cours des changes de la plupart des pays européens baissèrent dans des proportions qui font frémir, cette baisse n'est due qu'à l'accroissement exagéré du volume de la circulation monétaire de chaque pays, provoqué par l'inflation. On sait qu'à la suite des événements de 1914-1918 la plupart des gouvernements, se trouvant à court d'argent eurent recours à l'inflation, et c'est cette émission exagérée de papier-monnaie qui provoqua la baisse verticale de beaucoup de monnaies européennes.

D'après les partisans de cette théorie, pour déterminer *a priori* le cours du change entre deux pays donnés, il suffit de comparer leurs circulations respectives avec les volumes correspondants d'avant-guerre. De cette façon on peut fixer et même prévoir avec assez de précision le cours du change.

Il est curieux de constater que les adeptes de cette théorie qui trouvaient trop simpliste la théorie de la balance des comptes, nous proposent une théorie du change qualitative qui ne fait intervenir que des facteurs quantitatifs ; les volumes de la circulation monétaire des pays considérés.

La théorie du change que nous étudions ne vaut qu'autant que la théorie quantitative de la monnaie. Toutes les objections qu'on pourrait faire à la théorie quantitative de la monnaie portent aussi contre la théorie qui explique par elle le change.

D'autre part la vérification statistique des conclusions de cette théorie quant aux pays à papier-monnaie déprécié d'après-guerre n'est pas suffisamment probante. Il est exact que les périodes d'abondante circulation monétaire coïncident avec les périodes de change déprécié. Il est même vrai que la dépréciation du change est très souvent proportionnelle à l'accroissement du volume de la circulation. Ces faits ne prouvent cependant pas l'exactitude de la théorie quantitative de la monnaie comme théorie du change.

On peut se rendre facilement compte de ceci en faisant un raisonnement analogue à celui qui a été fait lorsque nous étudions la théorie quantitative de la monnaie. Si la circulation monétaire d'un pays augmente, elle n'est pas nécessairement la cause d'une dépréciation du change, elle peut en être le résultat. Or, si la baisse du change est la cause de l'accroissement monétaire, c'est là un démenti de la théorie du change inspirée par la théorie quantitative de la monnaie. Les faits monétaires des dernières années tendent à prouver que la baisse du change précède l'inflation, qu'au lieu d'être la conséquence de l'accroissement du volume de la circulation elle en est la cause.

Il faut remarquer que dans l'une ou l'autre de ces hypothèses, les statistiques accuseront une coïncidence plus ou moins rigoureuse entre la baisse du change et l'accroissement de la circulation.

Supposons maintenant que la théorie quantitative de la monnaie soit pleinement vérifiée. Même dans ce cas là il convient de nous demander, pourquoi un accroissement dans le volume de la circulation provoquerait-il une baisse proportionnelle du change, comment l'abondance dans un pays des unités monétaires provoque-t-elle une baisse de la valeur internationale de cette unité monétaire ?

Nous avons déjà dit que le change étant, somme toute, le troc de deux monnaies différentes, ce qui influe sur la hausse ou la baisse du cours ce sont les valeurs respectives des deux monnaies. Or, nous savons qu'une monnaie, surtout lorsqu'elle est de papier n'a aucune valeur propre, aucune valeur intrinsèque. Sa valeur est une valeur d'échange, elle dépend des objets qu'elle permet d'acquérir. En nous exprimant plus simplement, nous dirons que la valeur d'une monnaie dépend de son pouvoir d'achat. De sorte que si l'inflation dans un pays a une influence sur le cours du change, c'est par l'intermédiaire du pouvoir d'achat de la monnaie qui d'après la théorie quantitative de la monnaie est plus ou moins grand suivant le volume, plus ou moins considérable, de la circulation monétaire.

On voit ainsi qu'un examen tant soit peu approfondi de la théorie quantitative de la monnaie comme théorie du change aboutit à la théorie de la parité des pouvoirs d'achat que nous étudierons dans les pages qui vont suivre. Toutefois, la théorie quantitative de la monnaie comme théorie du change et la théorie de la parité des pouvoirs d'achat ne se confondent pas. La seconde de ces deux théories peut parfaitement être soutenue indépendamment de la théorie quantitative de la monnaie. On peut même soutenir la théorie de la parité des pouvoirs d'achat tout en rejetant la théorie quantitative de la monnaie.

Remarquons cependant que le Professeur Cassel qui mit en vogue ces dernières années la théorie de la parité des pouvoirs d'achat est un adepte fervent de la théorie quantitative de la monnaie.

§ 2. — *La Parité des Pouvoirs d'achat*

La théorie du change basée sur la parité des pouvoirs d'achat a été magistralement développée dans les ouvrages de Gustav Cassel, professeur d'Économie politique à l'Université de Stockholm et en particulier dans son livre, paru en 1922, intitulé : « La Monnaie et le change après 1914 » (1).

Nous avons déjà eu l'occasion d'exposer l'essence de cette théorie qui fait intervenir la qualité d'une monnaie pour expliquer les variations du change. Le Prof. Cassel part de l'idée que toute monnaie n'est qu'un pouvoir d'achat ; en effet une monnaie n'a pas d'utilité propre elle a une utilité d'échange, et la chose est particulièrement vraie pour la monnaie de papier.

La considération qui intervient par conséquent dans une opération de change est le pouvoir d'achat que possède chacune des monnaies échangées. Il s'ensuit que le cours du change sera déterminé par le quotient des pouvoirs d'achat des deux monnaies envisagées. Si le dollar aux États-Unis a un pouvoir d'achat 25 fois plus grand que n'a le franc en France, le cours du dollar à Paris sera de 25 francs.

Il est facile de concevoir pourquoi il en sera ainsi. Supposons que le cours d'une monnaie reste inférieur au cours déterminé par la parité des pouvoirs d'achat. Supposons dans l'exemple ci-dessus que le cours du dollar au lieu d'atteindre 25 fr. soit de 20 fr. Immédiatement il y aura un grand nombre de détenteurs de francs français qui demanderont à convertir leur argent en dollars car de cette façon avec 20 fr. ils acquièrent un dollar,

(1) Traduction française par G. LACHAPELLE, Paris, Giard, 1923. Voir aussi G. CASSEL, *Les Problèmes monétaires du Monde*. Memoranda présentés à la Société des Nations.

grâce auquel ils peuvent acheter des marchandises valant 25 francs. Il est aisé de comprendre qu'un pareil état de choses ne peut durer longtemps et que le cours du dollar sera vite ramené à 25 francs. Inversement et pour la même raison le dollar ne dépassera pas 25 fr. pour atteindre 30 fr. par exemple. Les nombreuses demandes de francs ramèneront le change américain à 25 francs.

Dans les pages qui vont suivre nous résumerons les développements du Prof. Cassel sur la théorie du change à travers l'histoire financière des années qui suivirent 1914. Constatons d'ores et déjà que l'éminent auteur est entièrement acquis aux idées de la théorie quantitative de la monnaie dont il se fait l'apôtre militant.

Dès l'ouverture des hostilités les monnaies légales des pays belligérants et de plusieurs pays neutres deviennent des monnaies de papier fiduciaire. La convertibilité de ces monnaies en métal précieux est suspendue par la loi. Dans certains pays qui maintiennent le principe de la convertibilité, un résultat analogue est atteint par l'interdiction de l'exportation de l'or. Tel est le cas de l'Angleterre.

L'étalon d'or qui était l'étalon de droit commun de la plupart des États d'avant-guerre est remplacé dès août 1914 par un simple étalon de papier. Et le Prof. Cassel ajoute que la valeur de cet étalon de papier qui n'est plus convertible en or est uniquement déterminée par sa quantité.

Il était donc de toute importance par les gouvernements des divers pays à papier-monnaie de surveiller scrupuleusement l'émission du papier-monnaie. Or, ces gouvernements adoptèrent une politique différente. Libérés par la loi de l'obligation de rembourser en or les billets mis en circulation, ils ne se gênèrent pas pour émettre en toute liberté du papier-monnaie.

Ce qui pour le Prof. Cassel est encore plus grave, c'est que ces gouvernements voulurent faire croire au public que la monnaie émise valait de l'or, et c'est pour cette raison que les Banques centrales respectives gardaient orgueilleusement leurs réserves d'or. Les faits cependant, se chargèrent de démentir les fictions officielles et l'émission exagérée de billets de banque se traduisit bientôt par une hausse générale des prix.

D'ailleurs il faut ajouter que si les gouvernements eurent recours à la planche à billets, c'est qu'ils étaient bien obligés par les événements de le faire. Considérons en premier lieu les pays belligérants. L'argent, dit-on, est le nerf de la guerre. Au début de toute guerre un État a besoin d'argent. L'impôt ne peut pas le lui fournir. Le début d'une guerre, accompagné toujours de bouleversements de toutes sortes, est une période peu propice à la perception d'impôts.

L'État ne peut pas avoir recours non plus à l'emprunt pour se procurer des ressources, car un emprunt est une opération délicate qui exige une longue et minutieuse préparation.

Ainsi il ne reste plus à l'État qu'un moyen de salut. C'est d'avoir recours à la création d'un pouvoir artificiel d'achat. Tous les États belligérants ont usé de ce moyen ; ils en ont même abusé. Voici le procédé classique par lequel un Gouvernement se procure artificiellement du papier-monnaie.

L'État émet des Bons du Trésor qu'il présente à la Banque centrale d'émission, et que celle-ci escompte. La Banque centrale d'émission remet à l'État contre ces Bons du Trésor des billets de banque qui par hypothèse n'ont aucune garantie de convertibilité ; l'État à son tour lance les billets dans la circulation. Lorsque au bout d'un certain temps l'État parvient à obtenir un emprunt, son produit est absorbé par la dette flottante. Les exigences de la guerre obligent l'État à recourir de nouveau aux billets de la Banque Centrale, et le cycle recommence.

Cette abondance de moyens de paiement dans un pays constitue l'*inflation*. Les pays neutres furent obligés aussi bien que les belligérants de recourir à l'inflation, pour plusieurs raisons dont les principales sont d'ordre politique. Pour préserver leur neutralité ces pays devaient fournir des crédits aux pays belligérants dont les demandes devenaient de plus en plus pressantes. Comme l'épargne des pays neutres était hors de proportion avec les demandes des belligérants, les neutres ne pouvaient faire autrement que d'avoir recours à la création d'un pouvoir artificiel d'achat.

C'est ainsi que l'inflation se répandit pendant les années de la guerre sur le monde entier.

Quelle fut la conséquence de cette création exagérée d'un pouvoir d'achat artificiel ? Ce fut une hausse générale des prix. Le Prof. Cassel explique d'une façon très claire comment est survenue cette hausse des prix. Le pouvoir total d'achat dans un pays pendant une période donnée, est égal aux marchandises vendues pendant cette même période. Or, si un pouvoir d'achat supplémentaire est créé artificiellement à côté du pouvoir d'achat normal, il entre en concurrence avec ce dernier pour l'achat des marchandises dont le volume n'a pas varié. Cette concurrence entre les détenteurs de moyens de paiement singulièrement multipliés, pour l'achat d'une quantité de marchandises dont le volume est resté le même, aboutit fatalement à une hausse générale des prix. C'est ce qu'on a observé dans tous les pays qui ont été atteints par l'inflation. Le public dont le revenu nominal de la quasi-totalité n'a pas varié est obligé à cause de la hausse des prix, de restreindre sa consommation. Le surplus de marchandises qui reste disponible est acquis par l'État pour les besoins de la guerre.

Bien que ces faits soient hors de doute, les divers gouvernements qui pour s'assurer des ressources, ont usé de l'inflation, nièrent avec véhémence et avec un ensemble remarquable, que la hausse des prix soit due à l'émission exagérée de papier-monnaie. Ils attribuaient la hausse des prix aux agissements de ceux qu'ils qualifiaient de spéculateurs. C'est contre eux que les gouvernements attisaient le courroux du public qui croyait de bonne foi que l'État n'était pour rien dans la hausse des prix. En réalité les spéculateurs jouèrent un rôle infiniment moindre que celui qu'on leur a prêté pendant la guerre. Ils rendirent même un réel service aux gouvernements, qui les firent passer pour des boucs émissaires aux yeux du public.

Une autre explication des prix élevés non moins fausse que la précédente mais qui avait la faveur des milieux officiels, attribuait la hausse des prix à la rareté des produits, conséquence de la guerre qui sévissait sur toute l'Europe. Le Prof. Cassel trouve tout à fait insuffisante cette explication. Il est exact que la production ait diminué à la suite de la guerre. Mais cette diminution a été tout au plus de 20 0/0 de la production d'avant-guerre. Une telle diminution dans les approvisionnements ne saurait expliquer la hausse des prix qui durant la guerre, était dans la plupart des pays de l'ordre de 200 0/0.

D'autre part, après la guerre les approvisionnements atteignirent le niveau d'avant-guerre, tandis que les prix ne cessèrent de suivre leur marche ascendante.

Le Prof. Cassel qui est convaincu que la hausse des prix est due à l'accroissement du volume des moyens de paiement, trouve absurde la législation des prix maxima qui fut édictée dans plusieurs pays en vue d'enrayer la hausse des prix. Du moment que le stock de marchandises disponibles dans un pays reste le même, le volume de la circulation augmentant, il est impossible de vendre à bon marché et de contenter en même temps toutes les demandes de marchandises. D'ailleurs, la législation des pays maxima échoua partout où les prix maxima fixés étaient inférieurs à ceux qu'autorisait la circulation monétaire du pays.

Le Prof. Cassel estime qu'une politique appropriée du taux de l'escompte des Banques Centrales aurait pu sensiblement atténuer les méfaits de l'inflation. Malheureusement, les Banques Centrales loin d'adopter la politique qui s'imposait, suivirent une ligne de conduite diamétralement opposée.

Dans un pays donné, les demandes de capitaux ne doivent être satisfaites que dans la mesure où le permettent les disponibilités de l'épargne. Si à un moment donné les capitaux accumulés par l'épargne sont considérables, les Banques peuvent se permettre d'accorder libéralement des crédits à ceux qui en font la demande. Si inversement, les disponibilités de l'épargne sont limitées, les capitaux prêtés doivent être réduits.

Sans cela, s'il n'y a pas concordance entre les capitaux prêtés et ceux disposés par l'épargne, si les crédits accordés sont supérieurs aux capitaux accumulés par l'épargne, il y a création artificielle d'un pouvoir d'achat. Il y a inflation.

Or, quel est le moyen par lequel on peut faire correspondre les demandes de capitaux aux disponibilités de l'épargne ? C'est le taux de l'escompte. On sait qu'un taux d'escompte peu élevé encourage la demande de crédits. Inversement un taux d'escompte élevé réduit les demandes de crédit. C'est donc la tâche des banques d'un pays et en particulier de la Banque Centrale de fixer adéquatement le taux de l'escompte.

Pendant la Grande Guerre, les Banques Centrales adoptèrent une politique d'escompte singulièrement libérale. Le taux auquel elles pratiquaient l'escompte était maintenu très bas. Cette attitude des Banques Centrales était due au fait qu'elles devaient faciliter les emprunts de l'État. C'est grâce aux taux d'escompte peu élevés que les divers gouvernements sont parvenus à contracter les emprunts dont ils avaient besoin.

Or, l'état de l'épargne pendant la guerre ne justifiait

nullement une telle politique d'escompte. Les disponibilités de l'épargne, étaient beaucoup plus restreintes que les crédits accordés. Il en résulta une ample inflation de capitaux.

Cette abondance de capitaux qui venait s'ajouter à l'accroissement du volume de la circulation monétaire aggrava les effets néfastes de ce dernier et accentua la hausse des prix.

Le Prof. Cassel examine ensuite les faits qui se produisirent pendant les années qui suivirent la guerre. Il constate en premier lieu que l'inflation monétaire s'accentue de plus en plus et que les prix continuent de hausser. Pendant toute cette période les Banques firent preuve d'une imprévoyance que nous ne saurions trop leur reprocher. Au lieu de restreindre la circulation de capitaux par une politique d'escompte appropriée, elles maintinrent pendant les années d'inflation, un taux d'escompte très bas. C'est cette abondance de la circulation monétaire et des capitaux qui fit hausser les prix dans des proportions bien plus grandes que la hausse de la période des hostilités.

Mais bientôt tout le monde se mit à réclamer contre la hausse incroyable des prix. Les gouvernements voulurent calmer les réclamations du public en menant une campagne contre les « profiteurs » qui s'avéra inefficace. C'est alors qu'on se décida de restreindre les crédits accordés, par une hausse de taux de l'escompte.

Cette mesure mit un terme au *boom* de 1919 et des premiers mois de 1920, Dès l'été de 1920 la crise éclata aux États-Unis et gagna bientôt tous les États de l'Europe. Les crédits étaient réduits, les commerçants à court d'argent qui avaient accumulé de grands stocks de marchandises en vue d'une hausse plus grande des prix se mirent à réaliser à la hâte leurs marchandises. Cette réalisation massive des stocks ne put que provoquer une baisse des prix. Le public espérant une baisse toujours plus grande s'abstint d'acheter. Il fit ce qu'on a appelé « la grève des acheteurs ». C'est cette grève qui en faisant baisser les prix encore plus porta la crise à son paroxysme.

D'autre part, la restriction des crédits paralysa l'industrie et provoqua le chômage, la baisse des salaires et en fin de compte une baisse des prix.

De sorte que la crise fut accompagnée d'une hausse du pouvoir d'achat de la monnaie.

Jusqu'à présent, nous avons exposé les développements du Prof. Cassel par lesquels il nous explique comment la monnaie fiduciaire se déprécie à l'intérieur d'un pays, à la suite de l'inflation. Nous arrivons maintenant au point le plus important des explications de Cassel qui a trait à la dépréciation externe (1).

Dire que dans un pays donné les prix ont haussé signifie que le pouvoir d'achat de l'unité monétaire de ce pays s'est amoindri. Or, lorsqu'une monnaie perd une partie plus ou moins considérable de son pouvoir d'achat, le cours de son change vis-à-vis d'une monnaie saine ne peut pas se maintenir à son niveau antérieur. Personne ne voudra échanger contre une monnaie à faible pouvoir d'achat, une monnaie dont le pouvoir d'achat reste normal. Inversement les détenteurs de monnaie dépréciée s'efforceront d'échanger, au plus vite, leur argent contre une devise étrangère saine. Quel est le facteur qui guidera les offres et les demandes des diverses devises ? C'est, répond le Prof. Cassel, les pouvoirs d'achat respectifs des devises. Plus le pouvoir d'achat d'une devise diminue et plus les offres de cette devise deviennent pressantes. Plus le pouvoir d'achat d'une monnaie est élevé et plus ses détenteurs s'efforceront de la garder.

Qu'est-ce qui advient lorsqu'il y a une telle disproportion entre offres et demandes d'une devise étrangère ? Il se produit inévitablement une baisse du cours du change de la monnaie dépréciée. Cette baisse sera proportionnelle à la baisse du pouvoir d'achat de la monnaie envisagée.

Si nous comparons le cours du change entre deux monnaies qui toutes les deux ont perdu une partie de leur pouvoir d'achat, mais à des degrés différents, nous observerons que la dépréciation du change est proportionnelle à la baisse du pouvoir d'achat de la monnaie vendue et inversement proportionnelle à la baisse du pouvoir d'achat de la monnaie achetée.

Le Prof. Cassel conclut donc que le cours du change de deux monnaies se fixe au rapport déterminé par les deux pouvoirs d'achat, par la *parité des pouvoirs d'achat.*

Nous avons ainsi une théorie extrêmement précise pour connaître le cours auquel se fixera le change entre deux monnaies. Il suffit de connaître le pouvoir d'achat de chacune des monnaies en question et d'en chercher le quotient. Une telle théorie eut semblé trop rigide et on aurait pu facilement la combattre à l'aide de chiffres empruntés à l'histoire monétaire de la période qui suivit 1914, si le Prof. Cassel n'admettait lui-même qu'il peut y avoir très souvent des écarts entre le change et la parité des pouvoirs d'achat (1).

Une première cause qui provoque des écarts entre change et parités du pouvoir d'achat, est due aux entraves apportées au commerce international, qui se présentent sous forme de barrières douanières ou de prohibitions d'importations. Le cours du change de la monnaie du pays dont les exportations sont favorisées et les importations gênées, se maintiendra au-dessus du cours fixé par la parité des pouvoirs d'achat. En effet la monnaie étrangère dont le pouvoir d'achat est élevé ne sera pas aussi désirée puisque les marchandises achetées à l'étranger ne peuvent pas être facilement importées. De sorte que la parité des pouvoirs d'achat ne peut fonctionner intégralement qu'entre pays entièrement libres-échangistes, hypothèse qui de nos jours reste tout à fait théorique. Ajoutons cependant que si le commerce entre deux pays est aussi entravé dans un sens que dans l'autre, les barrières en question au point de vue qui nous intéresse s'annuleront mutuellement et le change sera fixé a la parité des pouvoirs d'achat.

C'est en faisant de telles considérations qu'on parvient à comprendre comment à certains moments l'interdiction d'importer certaines marchandises peut avoir un effet salutaire sur le cours du change.

Une autre raison pour laquelle on constate des écarts

(1) CASSEL, *op. cit.*, chap. XI.

entre le cours du change et les conclusions de la théorie de la parité des pouvoirs d'achat, réside dans le fait que trop souvent une dépréciation de la monnaie exprime une prévision anticipée de la baisse de son pouvoir d'achat. Le change de cette monnaie aura alors une tendance marquée à baisser bien avant son pouvoir d'achat. Si une première baisse du change due au jeu des parités du pouvoir d'achat fait prévoir une baisse plus accentuée au bout d'un mois, le change baissera bien avant les prix, car les particuliers prennent d'ores et déjà leurs précautions.

On peut attribuer souvent la disparité des pouvoirs d'achat, interne et externe d'une monnaie, à la spéculation sur le change honnie par les gouvernements. Escomptant la baisse future du change d'une monnaie, la spéculation internationale offre sur le marché des quantités massives de cette monnaie, qui peuvent provoquer une baisse du change indépendante de la baisse du pouvoir d'achat. En réalité, remarque le Prof. Cassel, les méfaits de la spéculation internationale furent beaucoup moins considérables que ceux présentés par les milieux officiels.

Une autre cause de la dépréciation du change, bien au delà de la baisse du pouvoir d'achat d'une monnaie est la pratique de la vente à n'importe quel prix des devises nationales. De telles ventes ont lieu dans des moments d'extrême méfiance envers le gouvernement ; cette méfiance décide les détenteurs de monnaie nationale à s'en débarrasser à n'importe quel prix. Dans de pareilles circonstances, les acquéreurs de la monnaie nationale se font de plus en plus rares et n'acceptent pour acheter les devises offertes que des prix invraisemblables. C'est ainsi que durant les années qui suivirent l'Armistice nous avons vu les cours des monnaies relativement saines atteindre dans certains pays de l'Europe Centrale des chiffres que nous qualifierons d'astronomiques. A titre d'exemple nous donnerons les grandes lignes des variations du prix du dollar en marks allemands durant les années qui suivirent l'Armistice :

Fin 1918	8
— 1919	48
— 1920	73
— 1921	184
— 1922	7.350
— 1923 . . .	4.200.000.000.000

C'est grâce à ces réserves que le professeur Cassel explique le fait trop souvent observé que l'effondrement du cours du change d'une monnaie précède la hausse des prix. Toutefois, il considère ces cas comme exceptionnels ; le cas normal pour le professeur Cassel est celui où les variations effectives des prix entraînent à leur suite la hausse ou la baisse du change.

Le professeur Cassel conclut donc logiquement que si dans un pays donné on parvient à stabiliser les prix, ceci aura pour effet d'entraîner la stabilisation du change si souhaitable. La stabilisation des prix peut être obtenue d'abord en mettant un terme à l'inflation, c'est-à-dire en suspendant énergiquement toute émission nouvelle de billets et en second lieu par une politique rationnelle du taux de l'escompte.

Appréciation générale de la théorie du professeur Cassel

Nous avons déjà dit que la théorie de la balance des comptes appliquée au change est une théorie quantitative. Elle fait dépendre le cours du change de deux éléments purement quantitatifs, la quantité de devise offerte et la quantité de devise demandée. Cette théorie fait abstraction des prix auxquels les devises sont offertes ou demandées, c'est donc une application de la loi de l'offre et de la demande dans sa conception ancienne.

La théorie de la parité des pouvoirs d'achat est une théorie qualitative puisqu'elle fait dépendre le cours du change d'une qualité de la monnaie, son pouvoir d'achat. Pour les partisans de la théorie de la balance des comptes, la devise étrangère n'est qu'un pouvoir libératoire ; le change est une opération au moyen de laquelle on s'acquitte d'une dette. Si on n'a pas de dette à acquitter on n'achète pas de devises étrangères. Les vues de Cassel sur ce point sont plus larges et plus en rapport avec la réalité. La devise étrangère d'après lui est plus qu'un pouvoir libératoire, c'est aussi un pouvoir d'achat. Si on achète une quantité de monnaie étrangère ce n'est pas nécessairement parce qu'on a une dette envers un créancier étranger qu'on veut désintéresser, très souvent on acquiert une monnaie étrangère parce qu'on a l'intention d'acheter des marchandises à l'étranger et ce qui fixe le choix des individus sur l'acquisition de telle ou telle monnaie étrangère c'est le pouvoir d'achat de chacune de ces monnaies.

Le tort du professeur Cassel a été, cependant, de ne pas

voir dans la monnaie étrangère autre chose qu'un pouvoir d'achat, il semble ignorer que durant ces dernières années les devises étrangères ont été recherchées pour être diversement employées. On sait que la spéculation fut une des raisons pour laquelle on vit de grandes masses de capitaux voyager de pays à pays dans l'espoir, très souvent réalisé, d'une hausse du change de la monnaie acquise.

La spéculation est une raison parmi plusieurs autres, qui détermine les particuliers à acheter des devises étrangères. Le désir d'échapper au fisc, la crainte d'un effondrement futur de la monnaie nationale sont autant de raisons qui font rechercher les devises étrangères.

Même en acceptant avec le professeur Cassel que le pouvoir d'achat d'une monnaie est l'élément exclusif qui influe sur les appréciations individuelles quant à l'achat d'une devise étrangère, nous ne saurions admettre que le pouvoir d'achat considéré est le pouvoir d'achat général de la monnaie étrangère. Comme le veut la théorie de la parité des pouvoirs d'achat, lorsque les individus se portent acheteurs de marchandises étrangères, ils le font pour bénéficier de la disparité des pouvoirs d'achat interne et externe de leur monnaie. Ce qu'ils ont par conséquent en vue c'est un pouvoir d'achat *particulier* de la devise étrangère. Lorsque les spéculateurs se livrent à leurs opérations, ils ne font jamais des calculs abstraits portant sur le pouvoir d'achat général d'une monnaie étrangère ; ils ont toujours en vue les prix des marchandises exprimés en monnaies différentes. En général c'est donc les prix des produits d'importation qui influent sur les considérations des négociants, et comme les produits d'un pays ne sont pas tous également exportables, on peut affirmer que ce n'est jamais le pouvoir d'achat général d'une devise qui influe directement sur les offres et les demandes de cette devise. Il existe certains produits et en règle générale et les services qui, ne pouvant pas être exportés, ne deviennent jamais l'objet de spéculation pour les étrangers.

Le seul cas où l'on tienne compte d'une monnaie étrangère c'est lorsque les individus se décident à se déplacer pour vivre dans un pays où le coût de la vie, compte tenu du change est plus avantageux. Mais il convient de ne pas attribuer une importance exagérée à cette catégorie de personnes qui quittent leur patrie, leurs occupations et leurs affections pour bénéficier du coût avantageux de la vie dans un pays étranger. En pratique on ne voit guère de personnes se déplacer d'un pays à un autre dans ce sens, que lorsque la disparité des prix est exceptionnellement grande, ce qui n'arrive qu'en périodes de crise aiguë du change. Ce fut notamment le cas en Allemagne durant les années 1922-1923 et en France pendant l'été 1926. De sorte qu'on peut affirmer que le pouvoir d'achat pris en considération par la spéculation n'est pas le pouvoir d'achat général d'une monnaie comme l'implique la théorie du professeur Cassel mais un pouvoir d'achat *particulier* (1).

D'autre part, le principal argument en faveur de la théorie de la parité des pouvoirs d'achat ne nous paraît pas aussi concluant que le considèrent ses partisans.

---

(1) Voir aussi *infra*, Théorie de M. J.-M. KEYNES, p. 88-89.

Cet argument est la concordance plus ou moins rigoureuse qu'on observe dans leurs grandes lignes entre les variations du cours du change et celles des pouvoirs d'achat. Lorsque le cours du change d'une monnaie a baissé c'est comme si son pouvoir d'achat à l'étranger a baissé. Or, le pouvoir d'achat extérieur d'une monnaie ne laisse pas indifférent son pouvoir d'achat interne. Il y aura une tendance à égalité entre ces deux pouvoirs d'achat. Ceci est admis même par les adversaires de la théorie de la parité. Ce qui distingue cette théorie c'est le rapport de causalité que ses partisans voient entre le pouvoir d'achat et le cours du change. Pour eux ce sont les variations du pouvoir d'achat qui provoquent des variations dans le même sens du cours du change, tandis que les adversaires de la parité prétendent au contraire que s'il y a concordance entre change et pouvoir d'achat d'une monnaie cela est dû au fait que le pouvoir d'achat varie à la suite des fluctuations du change.

Le professeur Cassel admet que sa théorie du change, ne s'applique pas toujours au change courant mais que c'est surtout une théorie de change *normal*. Nous avons exposé dans les pages qui précèdent les principales causes qui, d'après le professeur Cassel, provoquent des écarts à la parité des pouvoirs d'achat. Néanmoins, ajoute l'éminent auteur, toutes les fois que le cours du change s'écartera de la parité des pouvoirs d'achat, des forces entreront en action pour le ramener vers le niveau déterminé par la parité des pouvoirs d'achat. Ce niveau c'est le cours normal du change. Peu importe si pour des raisons accidentelles ce niveau est rarement atteint par le change courant.

On pourrait cependant objecter que la théorie du professeur Cassel n'est même pas une théorie de change normal. Si, comme nous le disions, le cours du change détermine le pouvoir d'achat de la monnaie au lieu d'être déterminé par lui, il ne peut plus être question de cours normal du change. Dès que le cours du change s'écarte du niveau déterminé par la parité des pouvoirs d'achat, les forces qui entrent en jeu ne ramènent pas le change vers la parité, mais au contraire font se modifier le pouvoir d'achat conformément aux exigences du change. Les fluctuations de cours du change au lieu d'être la conséquence des modifications du pouvoir d'achat en sont la cause.

§ 3. — *La théorie de John Maynard Keynes*

Les vues de J. M. Keynes, professeur à l'Université de Cambridge, sur la théorie du change ne sont pas originales. Elles ont cependant le mérite d'assouplir et dans une certaine mesure de conformer aux faits les affirmations déjà étudiées de Irving Fisher et du professeur Cassel.

En ce qui concerne la monnaie, Keynes est partisan de la théorie quantitative de la monnaie. Ses conclusions sont dans leurs grandes lignes les mêmes que celles de Irving Fisher, toutefois, pour aboutir aux mêmes conclusions, Keynes adopte une méthode différente (1).

De même que Irving Fisher, il envisage d'abord le cas

(1) KEYNES emprunte son raisonnement au Prof. PIGOU et à MARSHALL.

exceptionnel d'un pays dont tous les paiements se font au moyen d'espèces liquides. Imaginons et désignons par le terme « Unité de consommation » une certaine quantité de marchandises diverses, dont la moyenne des prix représentera la moyenne générale des prix du pays. Soit P le prix de cette « Unité de consommation » et supposons que le public désire posséder en main une quantité de monnaie, suffisant à l'achat de K unités de consommation. Si N représente les billets de banque et les autres espèces en circulation nous aurons la relation :

$$N = P K$$

Dans cette équation la lettre K peut être considérée comme une constante car elle dépend des habitudes du public qui évoluent très lentement, il y a par conséquent, une étroite corrélation entre N et P. Les variations de N entraînent des variations correspondantes de P. Ce qui signifie que les variations de volume de la circulation entraînent des variations dans le même sens des prix.

La même chose est vraie quand on fait intervenir les dépôts en banque. Représentons par K' le nombre d' « Unités de consommation » que sont susceptibles d'acheter les dépôts en banque, et soit R la proportion de ces dépôts que les banques conservent en argent liquide. La relation algébrique entre ces diverses quantités est alors :

$$N = P (K + R K')$$

Nous avons déjà dit que la grandeur K, vue la constance des habitudes humaines, peut être considérée comme invariable. Pour la même raison K' est aussi une constante. D'autre part, en période normale la proportion R reste inchangée. De sorte que le groupement (K + R K') reste une constante. La conclusion est donc que les variations du volume de la circulation représentée par N, entraînent des variations proportionnelles des prix P.

La théorie exposée par Keynes ne différerait pas essentiellement de celle de Irving Fisher, si le savant professeur de Cambridge ne faisait pas de réserves quant à la rigueur de ses conclusions.

Keynes ne met pas en doute le fait que le volume de la circulation monétaire a une influence sur les prix. Mais il ajoute que très souvent, surtout pendant les périodes de crise, on constate que la supposition sur laquelle on s'était fondé, d'après laquelle K, K' et R sont des constantes, n'est pas vérifiée. Irving Fisher connaissait ce fait, mais il ajoutait qu'un tel phénomène est propre aux périodes de crises, et que pour construire une théorie il vaut mieux se baser sur une période normale, puisque à la longue on revient toujours à une période normale.

Keynes trouve ce raisonnement inadmissible. « A *la longue*, dit-il, nous serons tous morts. Les économistes se donnent une tâche trop facile et trop inutile si dans une période orageuse, ils se contentent de nous dire que lorsque la tempête est passée l'Océan redeviendra calme ».

J. M. Keynes remarque que les variations de N ont une influence sur K, K' et R. On sait que les banques font varier la proportion de R suivant les circonstances créées par les variations de N. A titre d'exemple Keynes rappelle la politique de la Federal Reserve Board des Etats-Unis qui, pour prévenir une surabondance de circulation or dans le pays, augmentait dans des proportions inquiétantes ses réserves, « politique coûteuse qui consiste à enterrer dans les caves de Washington ce que les mineurs du Rand ont péniblement amené à la surface ».

Quant aux variations de K, leur existence est certaine. Elle est manifeste dans les pays où la monnaie se déprécie dans des proportions angoissantes comme ce fut le cas dans les pays d'Europe centrale et en Russie.

Lorsque dans un pays la valeur de l'étalon monétaire baisse il se produit une fuite devant la monnaie. Les individus essaient par tous les moyens de conserver le moins d'argent liquide possible. Ils ne conservent en mains que l'argent nécessaire pour effectuer les petits achats, ce qui revient à dire que K baisse.

La circulation N bien qu'accrue au point de vue nominal ne représente plus qu'un pouvoir d'achat très restreint. Voici des chiffres que J. M. Keynes nous fournit sur la circulation monétaire allemande. Il estime à environ 6 milliards de marks or la circulation d'avant-guerre, soit £ 300.000.000. En décembre 1920 à la suite de l'inflation, la circulation avait atteint 70 milliards mais la valeur globale de cette circulation était de £ 240.000.000. En mars 1923, toujours à cause de l'inflation qui atteignait son paroxysme, la circulation passe à 5 trillions tandis que sa valeur totale est à peine de £ 50.000.000. En août de la même année la circulation allemande avait atteint 116 trillions de marks, sa valeur dépassait à peine £ 5.000.000. « Le comble fut atteint, lorsque dans les derniers jours du cabinet Cuno, le gouvernement doubla le chiffre de la circulation en une semaine et tira £ 3.000.000 d'une circulation qui valait en tout £ 4.000.000, record qui dépassait les pires extravagances des Soviets ».

La conclusion de Keynes est donc que s'il ne met pas en doute le fait que les variations du volume de la circulation provoquent des variations dans le même sens des prix, il n'en est pas moins vrai qu'on ne peut affirmer qu'il y ait proportionnalité entre ces diverses variations.

Ensuite, J. M. Keynes examine la théorie du change. Il expose la théorie du professeur Cassel dont il ne partage pas entièrement les opinions. On se rappelle que Cassel attribue les variations du change d'une monnaie aux fluctuations de son pouvoir d'achat. Pour le professeur Cassel c'est toujours la parité des pouvoirs d'achat qui soit directement soit indirectement provoque les oscillations du change. Keynes admet que la parité des pouvoirs d'achat peut avoir une influence sur le change, et que souvent elle en à une. Mais il estime que c'est une théorie trop étriquée que de considérer le pouvoir d'achat comme le seul facteur des variations du change.

Keynes sur ce point fait une constatation qui met en évidence les faiblesses de la théorie de la parité des pouvoirs d'achat. Il considère parmi les diverses marchandises deux catégories. Celles qui font l'objet d'un commerce international, et celles qui n'entrent en aucune manière dans le commerce international. Pour les marchandises de commerce international comme par exemple le coton, il est certain que les prix, qu'ils soient exprimés en dollars, livres sterling ou francs ne peuvent pas différer beaucoup les uns des autres. Ces marchandises faisant par définition l'objet d'un commerce international se dirigeront là où il est plus avantageux de les vendre. C'est pour cette raison que le prix du coton à New-York, à Hambourg, à Liverpool ou à Prague est à peu de chose près le même.

Si maintenant, nous considérons des marchandises (ou des services) qui n'entrent en aucune manière dans le commerce international, nous ne voyons pas pourquoi il y aurait une tendance vers la parité de leurs prix exprimés en monnaies différentes. Ces marchandises n'entrant pas, par hypothèse, dans le commerce international, il n'y a aucune raison pour que les détenteurs de devises à grand pouvoir d'achat en achètent puisqu'ils ne peuvent pas les exporter. Il est par conséquent possible pour ces marchandises que leurs prix varient grandement entre les différents pays.

Ainsi, conclut Keynes, si nous considérons les marchandises de commerce international, la théorie de la parité des pouvoirs d'achat n'exprime qu'une chose évidente ; ce n'est qu'un truisme à peu près vide. Si nous considérons des marchandises n'entrant pas dans le commerce international, la théorie de la parité n'est pas entièrement vérifiée.

Toutefois, Keynes ne nie pas que la parité des pouvoirs

d'achat ait une influence sur les cours des changes ; mais il n'adopte pas l'opinion du professeur Cassel suivant laquelle le pouvoir d'achat est le facteur exclusif du change. Il y a des cas très fréquents où les variations du change doivent être attribuées à des causes autres que la parité des pouvoirs d'achat. C'est le cas des *fluctuations saisonnières* du change.

Ainsi Keynes revient aux principes de la théorie de la balance des comptes trop injustement oubliés par le professeur Cassel.

Nous savons que dans tous les pays, même dans ceux dont la balance commerciale est en équilibre, il y a des périodes où les exportations l'emportent sur les importations, et d'autres où l'inverse se produit. Ainsi dans les pays essentiellement agricoles l'automne est la période où les exportations sont de beaucoup plus considérables que les importations. Nous avons déjà vu au début de cet ouvrage qu'en période normale, en période de convertibilité par exemple, ce qui influe sur le change c'est l'ensemble de l'état de la balance des comptes parce que, grâce au crédit, les commerçants échelonnent leurs créances et leurs dettes pendant toute la durée de l'année. Grâce à ce palliatif, l'excédent ou le déficit de la balance commerciale pendant certains mois de l'année n'avait pas les effets fâcheux auxquels on devrait logiquement s'attendre. Nous n'avons pas manqué d'insister sur le rôle efficace que jouait en pareille matière le taux de l'escompte.

En période d'instabilité monétaire il n'en est plus ainsi. Les commerçants renoncent à l'habitude de jalonner l'échéance de leurs créances uniformément pendant toute l'année. Ils sont pressés de toucher leur argent car ils craignent toujours, vue l'instabilité du change, une baisse plus grande de la monnaie des pays auxquels ils ont expédié leurs marchandises. Il s'ensuit que le change subit des fluctuations saisonnières qui correspondent, *grosso modo*, à l'état plus ou moins favorable de la balance du commerce.

J. M. Keynes, illustre ces faits par des chiffres empruntés à l'histoire des changes français et italien pendant les années 1920, 1921 et 1923. En France on constate depuis 1919 une hausse régulière du change vis-à-vis du dollar (devise à peu près stable) pendant les mois de mai et de juin, et une baisse non moins régulière du franc pendant les mois de novembre et de décembre. Or, si on étudie de près la balance commerciale française on constate qu'elle est créditrice en mai et juin pour devenir déficitaire pendant les derniers jours de l'automne.

En ce qui concerne l'Italie les concordances entre variations du cours du change et de la balance commerciale sont encore plus frappantes. Pendant ces mêmes années 1920, 1921 et 1922 la lire atteint son maximum en avril-mai pour retomber à son minimum en novembre et décembre. On peut librement affirmer que ces fluctuations de change sont déterminées par les besoins des transactions commerciales.

Ainsi Keynes nous donne un exemple suivant lequel les variations du change sont dues à des faits tout à fait indépendants de la parité des pouvoirs d'achat. Voici un autre cas de variations du change que Keynes explique sans avoir recours à la parité des pouvoirs d'achat. Keynes s'inspire encore de la vieille théorie de la balance des comptes.

Tout le monde est d'accord qu'une ample inflation de monnaie fiduciaire est accompagnée d'une baisse du change. Cassel explique cette baisse du change en faisant intervenir le pouvoir d'achat de la monnaie amoindri par l'inflation. Keynes admet cette explication mais il ajoute qu'on peut dans certains cas expliquer la baisse du change sans faire intervenir le pouvoir d'achat. On peut faire le raisonnement suivant. L'inflation signifie un accroissement de moyens de paiement à l'intérieur d'un pays. Cette augmentation de moyens de paiement incite les détenteurs à demander des marchandises à l'étranger. Cette demande massive de marchandises étrangères accompagnée d'importations correspondantes, rompt l'équilibre de la balance commerciale du pays envisagé qui, entraînant un déficit de la balance des comptes, provoque une baisse du change national.

Le raisonnement de Keynes est impeccable et pourrait fort bien expliquer l'histoire du change français pendant les quatre premières années qui suivirent l'armistice.

CHAPITRE IV

Les Théories synthétiques

—

Les théories du change exposées dans les chapitres précédents, ne semblent pas pouvoir expliquer beaucoup de phénomènes observés pendant les quinze années qui viennent de s'écouler. Nous avons eu l'occasion de dire que les conclusions de la théorie de la balance des comptes, ne s'adaptaient nullement aux variations du change français pendant les années qui suivirent la cessation des hostilités. D'autre part, nous avons remarqué que la théorie de la parité des pouvoirs d'achat n'était pas toujours vérifiée, car trop souvent c'est le change qui commande au pouvoir d'achat d'une monnaie au lieu d'être déterminé par lui.

La faiblesse de ces diverses théories réside dans le fait qu'elles sont trop étroites ; elles attribuent les variations du change à un seul facteur, tandis qu'en réalité le cours du change est la résultante de plusieurs facteurs. Dans les pages qui vont suivre, nous exposerons certaines théories que nous qualifions de *synthétiques* parce que tout en complétant les théories déjà étudiées elles en font la synthèse.

§ 1. — *La théorie psychologique de M. Aftalion*

Nous avons vu que le professeur Cassel faisait application à sa théorie du change, de la loi de l'offre et de la demande dans sa conception moderne, c'est-à-dire en faisant intervenir dans son raisonnement des éléments qualitatifs.

La méthode suivie par M. Aftalion, professeur à la faculté de Droit de l'Université de Paris, ne diffère pas de celle du professeur Cassel. M. Aftalion pense que lorsque les individus échangent leur argent contre une monnaie étrangère, ils sont guidés par les qualités respectives des monnaies. Or, la valeur que nous attribuons à une monnaie n'est pas nécessairement celle qui résulte de son pouvoir d'achat, comme le croit Cassel. L'importance que *nous accordons* à une *monnaie étrangère dépend* des satisfactions que nous entendons obtenir d'une monnaie, ce que nous en *attendons*, peut ne pas concorder avec sa valeur réelle.

De sorte que si, pour la théorie de la balance des comptes, la monnaie étrangère n'est qu'un pouvoir libératoire, si pour la théorie de la parité elle n'est qu'un pouvoir d'achat, pour M. Aftalion c'est en outre un moyen de *spéculation*, le mot spéculation étant entendu dans un sens très large.

Ainsi, pour M. Aftalion le fondement de la valeur de la monnaie étrangère est un fondement psychologique dépendant des estimations individuelles.

M. Aftalion ne se borne pas comme le fait le professeur Cassel à faire dépendre la valeur du change d'éléments purement qualitatifs. Il fait intervenir aussi des éléments quantitatifs. En effet lorsqu'on apprécie une monnaie étrangère on ne la prend pas en bloc, on ne la considère pas, *in genere, in abstracto*. Ce que les individus ont en vue ce sont les unités monétaires et on sait que la valeur qu'on attache à chaque unité monétaire dépend du nombre plus ou moins grand qu'on en dispose.

Autrement dit, c'est une *valeur marginale.* Bien que les individus puissent apprécier diversement une monnaie étrangère, ils payent tous à un moment donné, le même prix pour l'acquérir, valeur marginale de la monnaie désirée. Ainsi, grâce à ce raisonnement M. Aftalion fait à côté des éléments qualitatifs la place aux éléments quantitatifs qui interviennent dans le fondement du change qui comme on l'a vu est essentiellement psychologique.

Ensuite, M. Aftalion examine le mécanisme suivant lequel est déterminé le cours de change d'un pays. Il constate qu'à n'importe quel moment, il y a une courbe ascendante d'offres de devises étrangères, et une courbe décroissante de demandes. Le cours du change se fixe au point d'intersection de ces deux courbes. Or, ces courbes se déplacent constamment en hausse ou en baisse, nous dirons donc que le cours du change sur le marché dépend de la balance des offres et des demandes de change étranger. Pour être cependant en accord avec la conception moderne de la loi de l'offre et de la demande nous aurons constamment à l'esprit que ces offres et ces demandes, sont intimement liées aux prix auxquels elles sont faites.

Pour déterminer donc les causes des variations du change, il suffit de rechercher les facteurs qui influent sur l'offre et sur la demande des devises à certains prix. Fidèle à sa méthode, M. Aftalion divise ces facteurs en deux catégories ; les facteurs qui déterminent des variations quantitatives, de change, et les facteurs qui déterminent des variations qualitatives, autrement dit qui influent sur les estimations individuelles.

Voici les principaux facteurs qui déterminent les quantités plus ou moins grandes des devises offertes et demandées. C'est en premier lieu, la balance des comptes ; c'est ici qu'il faut faire intervenir les considérations, déjà exposées, des théoriciens de la balance des comptes. En second lieu, M. Aftalion mentionne toutes les opérations purement spéculatives sur le change qui ne correspondent pas à une affaire réelle, et auxquelles ont recours les particuliers en escomptant une hausse du change sur lequel ils ont jeté leur dévolu. On sait que les opérations de ce genre prirent des proportions inaccoutumées au lendemain de la grande guerre. C'est ainsi qu'apparurent les « crédits de spéculation » qui ont joué un rôle très important dans l'histoire du change.

Enfin, nous rencontrons un autre élément des variations quantitatives du change dans le mouvement des capitaux dont les propriétaires pour diverses raisons se décident à déplacer d'un pays à un autre. Il serait vain de vouloir décrire toutes les formes que peut prendre ce mouvement des capitaux : achats de titres, dépôts dans des banques, achats d'immeubles, etc.., etc...

Nous n'essaierons pas non plus d'énumérer les raisons diverses qui déterminent les capitalistes à expatrier leur fortune, désir d'échapper au fisc, méfiance envers le gouvernement, stagnation des affaires, etc...

Ce bref aperçu des éléments quantitatifs énumérés

par M. Aftalion, nous montre combien insuffisante est la théorie de la balance des comptes même considérée comme uniquement quantitative.

M. Aftalion passe ensuite à l'examen des facteurs qui déterminent des variations qualitatives du change. Ce sont tous les éléments qui influent sur les estimations individuelles. M. Aftalion fait une place de premier rang à la circulation monétaire, dont les variations influent diversement sur le change.

Une augmentation de la circulation accompagnée souvent d'une baisse de pouvoir d'achat peut provoquer une baisse correspondante du change, comme le veut la théorie du professeur Cassel. Si M. Aftalion admet que souvent l'augmentation de la circulation est la cause d'une hausse des prix, il n'adopte nullement les principes de la théorie quantitative de la monnaie. Il explique l'influence de la circulation sur les prix par la théorie du revenu dont nous nous bornerons ici à résumer l'essence.

M. Aftalion part de la formule suivante :

$$R = P\,Q$$

dans laquelle R représente le revenu en argent de l'ensemble d'une nation, P les prix des marchandises et Q la quantité de ces marchandises vendues. Pour faciliter le raisonnement, on fera abstraction de l'épargne. On comprend facilement alors que le revenu d'une nation soit égal à l'argent donné pour l'achat des diverses marchandises. Si on admet que Q évolue très lentement on aboutira à la conclusion que toute variation de R provoquera une variation de P ; toute inflation du revenu provoquera une hausse générale des prix. Or, lorsque l'Etat a recours à une inflation monétaire, et qu'il emploie les billets créés pour combler les déficits du Budget, le revenu global de la nation augmente d'autant. R ayant varié, P variera dans le même sens, c'est-à-dire il y aura hausse des prix. Ainsi M. Aftalion explique l'influence des variations de la circulation monétaire sur les prix sans avoir recours à la théorie quantitative de la monnaie.

Ainsi, la circulation en faisant varier le pouvoir d'achat de la devise nationale est un facteur des variations qualitatives du change.

Mais la circulation monétaire peut agir sur les changes de plusieurs autres façons. L'inflation monétaire ayant augmenté le revenu nominal du pays, la capacité d'absorption du marché intérieur se trouve accrue ; il en résulte des importations considérables de marchandises étrangères qui provoquant un déficit de la balance commerciale avilissent le change. Nous n'avons pas manqué d'insister sur ce point lorsque nous exposions la théorie de J. M. Keynes. (1)

Un troisième mode d'action de la circulation monétaire sur le cours du change, s'exerce par influence psychologique. Si les individus acquièrent la certitude que toute émission nouvelle de papier-monnaie provoquera une baisse du change, pour les raisons qui viennent d'être expliquées, toute nouvelle inflation sera cause d'une sous-évaluation de la devise envisagée.

---

(1) Voir *supra* : théorie de JOHN MAYNARD KEYNES, p. 92.

La baisse du change s'effectuera alors automatiquement sans qu'elle soit provoquée par la hausse des prix ou par la balance commerciale déficitaire. Bien plus cette appréhension d'une baisse du change déterminera un mouvement de capitaux vers l'étranger, elle provoquera des demandes accrues de devises étrangères qui ne manqueront pas de provoquer une baisse du change.

Enfin, la circulation a une influence sur le cours du change par les prévisions dont elle est l'objet. Si l'on prévoit une prochaine inflation de papier-monnaie accompagnée d'une hausse des prix, d'une exportation de capitaux et d'une dépréciation du change, il y aura d'ores et déjà une fuite devant la monnaie nationale. Les individus convaincus que le cours du change baissera prochainement vendent leurs monnaies de moins en moins cher, et il en résulte une baisse du change effective. Peu importe que les prévisions en question soient fondées ou non. Souvent même les prévisions pessimistes quoique mal fondées finissent par se vérifier. En effet ces prévisions ayant provoqué une baisse du change et conséquemment une hausse des prix, le gouvernement se voit forcé d'émettre une nouvelle quantité de papier-monnaie, pour subvenir à ses besoins.

La circulation monétaire n'est pas le seul facteur qualitatif influant sur les offres et les demandes des devises. M. Aftalion mentionne en second lieu l'état du budget et de la trésorerie. Nous avons dit que les simples prévisions d'une variation de volume de la circulation monétaire pouvaient influer sur le change ; or la considération de l'état du budget et de la trésorerie est très souvent le point de départ de prévisions plus ou moins exactes. Un budget en déficit fait souvent craindre une émission de papier-monnaie ; il fait prévoir une inflation de la circulation monétaire et provoque par là une baisse du change. De même un mauvais état de la Trésorerie, une forte dette flottante par exemple, fait souvent craindre une émission nouvelle de billets de banque.

Il faut toujours ajouter que la crainte de certains événements peut provoquer à cause de la baisse du change qui en résulte, ces événements redoutés. Si le budget étant en équilibre le public se met à prévoir, sans raison, un déficit ultérieur, la baisse du change qui en résulte rompt en effet l'équilibre budgétaire et oblige l'Etat à recourir à l'inflation.

Les prévisions n'ont pas seulement d'influence sur le change lorsqu'elles ont trait à la circulation. D'une manière générale les prévisions toutes les fois qu'elles portent sur n'importe lequel des facteurs du change ont une influence sur son cours. Les prévisions relatives à la balance des comptes, celles relatives aux mouvements des capitaux ont toutes une influence sur le change. Pour être complet, il faut ajouter que même les prévisions portant directement sur les variations du change lui-même ont une influence sur son cours. Peu importe que ces prévisions soient ou non fondées sur des causes rationnelles. Dans tous ces cas là, la circulation loin de provoquer les variations du change est obligée de suivre ses vicissitudes.

Ajoutons que l'action des prévisions sur le change est toujours double ; qualitative parce que les prévisions, agissent psychologiquement sur les appréciations des individus, quantitatives parce qu'elles déterminent des mouvements de capitaux.

La politique fiscale d'un gouvernement ne doit pas être négligée dans cette énumération des éléments qui influent sur le change.

Une politique fiscale grevant lourdement les contribuables aura pour effet d'éloigner du pays les capitaux étrangers et même les capitaux nationaux. L'influence de la politique fiscale se fait particulièrement sentir lorsqu'elle grève lourdement les capitaux mobiliers, qui pour échapper aux rigueurs du fisc émigrent vers l'étranger.

Une lourde imposition des capitaux mobiliers influe qualitativement sur le change en haussant la valeur relative des placements étrangers, quantitativement en déterminant une exode de capitaux.

Ajoutons que les simples prévisions concernant la politique fiscale d'un pays peuvent avoir un effet qui ne saurait être négligé ; et ces prévisions s'inspirent souvent de toute la politique intérieure de l'Etat.

Lorsqu'un pays adopte une politique de stabilisation de sa devise, cette politique devient le facteur prépondérant du cours du change. La politique de stabilisation influe directement sur les appréciations individuelles. Lorsque l'Etat charge un organisme d'acheter ou de vendre des devises étrangères à un certain taux fixe, les appréciations individuelles ne peuvent guère s'écarter de ce taux officiel. Tant que l'organisme en question sera en mesure de vendre ou d'acheter les devises étrangères au taux fixé, le cours du change restera stable.

Si l'on essaie de résumer la théorie de M. Aftalion, on peut grouper les divers facteurs du change, tant qualitatifs que quantitatifs, en quatre groupes :

1° Balance des comptes et mouvements de capitaux ;

2° Variations de la circulation monétaire ;

3° Politique des Etats ; politique extérieure, politique financière, politique de stabilisation, etc...

4° Prévisions de toutes sortes qui agissent par influence psychologique.

La théorie de M. Aftalion peut être considérée comme la plus complète de toutes celles qui ont été émises durant ces quinze dernières années, et on ne saurait trouver un phénomène du change dont on ne puisse trouver l'explication dans cette théorie.

§ 2. — *La théorie de M. Germain Martin*

Les vues de M. Germain Martin, professeur à la Faculté de Droit de Paris, (1) se rapprochent de celles de M. Aftalion, en ce qui concerne la complexité des facteurs qui déterminent les variations du change. M. Germain Martin expose ses idées sur la théorie du change en envisageant le cas spécial de la France.

Tant que le franc est convertible en or, sa valeur est relativement stable, les billets de banque émis par l'Ins-

(1) M. Germain-Martin est actuellement Ministre du Budget (août 1930).

titut d'Émission, dès qu'ils ne sont plus supportés par la valeur de marchandises réelles, sont retirés de la circulation, grâce au mécanisme de l'escompte. Tout danger d'inflation est de la sorte écarté. Or, dès l'ouverture des hostilités, la situation se trouva changée ; par l'établissement du cours forcé, le franc-papier devint une unité distincte du franc convertible en or. A cause des avances que la Banque de France se vit obligée d'accorder à l'Etat une quantité énorme de francs-papier entra dans la circulation du pays.

Cette masse d'unités monétaires a pour support de valeur : l'encaisse métallique de la Banque de France, les garanties des avances, le portefeuille commercial de la Banque de France ainsi que son patrimoine. Enfin et pour une part très considérable, cette masse de billets en circulation est représentative de la dette de l'Etat. Par conséquent, le crédit qu'on accorde à l'Etat ainsi que les appréciations dont il est l'objet, ont une influence sur la valeur du franc, et sont reflétés par le cours du change.

Sur quoi repose le crédit que l'on accorde à l'unité monétaire d'un pays ? M. Germain Martin répond qu'il repose sur des éléments que l'on peut chiffrer et non pas, comme on l'a prétendu, sur les qualités ou les défauts d'ordre moral qu'on pourrait attribuer à un gouvernement. Les plus importants de ces éléments qui peuvent être chiffrés sont : la situation de la Trésorerie de l'Etat, et l'équilibre budgétaire.

Mais il y a un autre facteur duquel dépend la valeur de l'unité monétaire. Ce sont les facultés productives de la nation. Tant que ces facultés productives seront puissantes, la confiance accordée au franc sera grande, même si l'équilibre budgétaire n'est pas rigoureux, et même si la Trésorerie se trouve gênée.

En effet, la position difficile du Budget et de la Trésorerie n'ébranle pas la confiance du public, qui est certain que tant que les facultés productives de la nation restent entières, les difficultés seront passagères. M. Germain Martin constate que durant les années 1914-1918, les facultés productives de la nation française ont beaucoup diminué, et que pour s'en rendre compte il suffit d'examiner la balance commerciale du pays qui accusa pour la décade 1914-1924 un déficit aussi important que 116 milliards de francs. C'est à cette diminution des facultés productives de la France qu'il faut partiellement attribuer l'effondrement du change français après l'armistice.

Mais il y a un autre élément qui intervient dans la fixation du cours du change, et qui provoque les brusques oscillations dont nous avons été trop souvent les témoins, et qu'à première vue on est impuissant d'expliquer.

Cet élément c'est l'attitude de la spéculation internationale, ou plus exactement les mouvements des crédits de spéculation. C'est l'intervention de ces crédits de spéculation, qui tantôt masqua la vraie situation économique de la France, et tantôt l'aggrava. Tant que les crédits de spéculation affluent vers la France, le cours du change se maintient élevé, car le franc est une devise favorisée. C'est ainsi qu'on explique que jusqu'en 1921 le cours du franc se soit maintenu relativement assez élevé. Si les crédits de spéculation se mettent à quitter la France, ils influent défavorablement sur le cours du franc ; ce fut notamment le cas en mars 1924 et en juillet 1926.

Qu'est-ce qui détermine les spéculateurs internationaux, d'envoyer leurs capitaux en France, ou de les faire émigrer à l'étranger ? Ce sont les appréciations individuelles, qui obéissent à des influences extrêmement complexes.

Le Professeur Cassel a voulu expliquer les appréciations par le pouvoir d'achat de chaque devise. M. Germain Martin n'est pas de son avis car il remarque avec raison, que le plus souvent les variations du change précèdent celles des prix. Les influences qui agissent sur les spéculateurs sont très diverses et d'un ordre tout à fait psychologique. Toutes sortes d'événements politiques, économiques ou diplomatiques peuvent influer sur les prévisions des capitalistes qui, en modifiant les offres et les demandes d'une devise, provoquent d'amples variations du cours du change. Le cours de la devise française s'est trouvé ainsi plus d'une fois à la merci des appréciations, plus ou moins fondées, des détenteurs de crédits de spéculation.

§ 3. — *La théorie synthétique du change*

Les théories du change exposées jusqu'à présent semblent être tout à fait contradictoires entre elles. En effet, il ne peut y avoir aucun lien commun entre une théorie qui attribue les variations du change à l'état de la balance des comptes et une théorie qui voit dans la parité des pouvoirs d'achat le facteur exclusif de ces variations.

De même, il ne peut y avoir aucun rapport entre ces deux théories, et celle qui fonde ses explications sur des facteurs uniquement psychologiques. On pourrait même trouver surprenant que des théories ayant pour but d'expliquer un même phénomène soient tellement dissemblables tout en étant soutenues par des défenseurs de grand talent.

En réalité, la contradiction entre ces diverses théories n'est qu'apparente ; et c'est pour avoir méconnu ce fait que les partisans de chacune de ces théories, attaquèrent avec ardeur les théories adverses. En réalité les trois théories dominantes déjà étudiées, se vérifient très souvent, mais elles deviennent tout à fait incomplètes lorsqu'on essaie d'expliquer par chacune d'elles, tous les phénomènes du change constatés, sans tenir compte des circonstances.

Avant d'expliquer un phénomène quelconque de change, il faut donc examiner attentivement les circonstances qui l'entourent et faire un choix judicieux de la théorie qu'il convient d'appliquer.

De nos jours les économistes sont d'accord sur les causes premières qui provoquent les variations du change. En adoptant l'expression commode de « balance » nous dirons que sur le marché des changes, le cours se fixe au point où s'effectue la balance des offres et des demandes de devises *à certains prix*. De quoi dépend cette balance ? D'éléments quantitatifs : les quantités respectives d'offres et de demandes, et d'éléments qualitatifs : les prix auxquels ces offres et ces demandes sont effectuées.

La divergence entre les théoriciens, n'apparaît que lorsqu'il s'agit d'expliquer les causes qui influent sur ces deux catégories d'éléments : quantités respectives offertes et demandées, prix aux quels les offres et les demandes sont effectuées. La théorie de la balance des comptes telle qu'elle a été complétée par Goschen, prétend expliquer les mouvements des capitaux par la balance des comptes, et par le taux de l'escompte. Les prix auxquels les opérations s'effectuent, résultent des quantités plus ou moins considérables de devises offertes et demandées. Or, les quantités offertes et demandées dépendent en premier lieu de l'état de la balance des comptes et ensuite du taux de l'escompte qui provoque également certains déplacements de capitaux.

Le professeur Cassel, au contraire, pense que les quantités de devises offertes et demandées ne se règlent que d'après le prix auquel les opérations du change s'effectuent et que ce prix, ce cours du change ne dépend que des pouvoirs d'achat respectifs des devises envisagées.

Quant à la théorie de M. Aftalion, elle a le mérite d'expliquer les variations des quantités de devises offertes et demandées, ainsi que des prix auxquels ces offres et ces demandes sont effectuées, non pas à l'aide d'un seul facteur exclusif du change mais en faisant appel à plusieurs éléments tant quantitatifs que qualitatifs. A côté de la balance des comptes qui figure au nombre des éléments quantitatifs, du pouvoir d'achat, élément qualitatif, etc. M. Aftalion fait une place de première importance aux éléments d'ordre psychologique, à la confiance plus ou moins grande du public, à son affolement etc..., l'attitude du public se réglant d'après certains événements plus ou moins concrets, tels que la balance des comptes, la circulation monétaire, l'équilibre bugdétaire, les événements politiques et diplomatiques, etc...

Pour notre part, nous constatons que suivant l'état général des conditions économiques et monétaires, il faut faire appel à l'une ou à l'autre des explications exposées plus haut. Supposons qu'à un moment donné les nations civilisées possèdent toutes un système monétaire sain basé sur un métal précieux, sur l'or par exemple. On sait que tel était le cas du monde civilisé pendant toute la seconde moitié du dernier siècle, et jusqu'en 1914.

Dans ces conditions, il est tout naturel de faire appel à la théorie de la balance des comptes pour expliquer les oscillations du change. Celles-ci étant étroitement limitées par les *gold-points*, la spéculation ne peut pas s'exercer, et d'autre part, ces mêmes *gold-points* sont une garantie qui maintient la confiance du public. Il est donc tout naturel que dans ces circonstances on néglige les éléments qualifitatifs qui influent sur les offres et les demandes de devises. Les quantités ainsi offertes et demandées dépendent donc surtout de la balance des comptes, et dans une mesure moindre du taux de l'escompte dont l'appas plus ou moins attrayant peut également provoquer des mouvements de capitaux. Il faut que des événements réellement extraordinaires surviennent pour que, malgré la convertibilité, les variations du change dépassent les limites fixées par les *gold-points*. Nous avons donné un tel exemple lorsque nous exposions la théorie de Goschen, nous avons vu qu'en 1861, les commerçants des Etats-Unis, pressés de rentrer au plus vite en possession de leur argent, offraient à l'étranger des prix pour les traites sur New-York bien supérieurs à ceux qu'eut déterminé le *gold-point* d'entrée du métal jaune. Mais n'oublions pas que de tels événements sont exceptionnels et essentiellement temporaires.

Si, maintenant, nous supposons qu'au régime de convertibilité, est substitué un régime de cours forcé, nous pouvons considérer une première période, en général assez courte, qui peut être assimilée à la période de convertibilité ; le public espérant que l'étalon métallique sera promptement rétabli, ne change rien à ses habitudes acquises ; la balance des comptes, et le taux de l'escompte continueront d'être les facteurs exclusifs du change.

Mais très probablement, cette situation ne se prolongera pas longtemps. L'établissement du cours forcé est presque toujours suivi d'une inflation monétaire à l'intérieur du pays. Cette inflation monétaire détermine une hausse des prix qui provoque une disparité des pouvoirs d'achat des différentes devises, disparité qui n'est pas sans provoquer une demande accrue des devises dont le pouvoir d'achat est plus élevé. C'est alors qu'il faut faire appel à la théorie du professeur Cassel pour déterminer le cours normal du change. Dans des conditions pareilles, ce sont les considérations qualitatives qui l'emportent sur les autres pour déterminer les offres et les demandes de devises. Mais l'influence de la balance des comptes n'est pas complètement annihilée comme le pense très volontiers le professeur Cassel. Quoique réduite, son influence se fait toujours sentir et J. M. Keynes n'a pas manqué de constater à côté des variations du change dues à la parité des pouvoirs d'achat, l'existence des fluctuations saisonnières du change.

Tant que les variations du change seront dues à la disparité des pouvoirs d'achat et à l'état de la balance des comptes, elles ne seront pas très redoutables. Mais bientôt apparaît une autre période dans la maladie du change. Le public impressionné par les variations déjà constatées du change se lance dans des opérations qui ont pour but, très souvent de tirer profit de cet état de choses, mais encore plus souvent de se préserver de l'effondrement futur et éventuel d'une certaine devise. Il se produit ainsi un mouvement de capitaux vers les devises qui semblent à l'abri d'une dépréciation du change. Souvent il se produit un mouvement de capitaux en faveur des devises dépréciées dans l'espoir d'une hausse future du change. C'est ainsi qu'apparaissent « les crédits de spéculation ». Il va sans dire que les mouvements des crédits de spéculation provoquent des variations désordonnées du cours du change. C'est alors que les changes deviennent réellement « erratiques » et pour en expliquer les causes profondes, nous nous voyons forcés de recourir à la théorie de M. Aftalion.

Dans les périodes troublées pendant lesquelles les cours du change éprouvent des variations désordonnées, les seuls facteurs qui président aux offres et aux demandes de devises, sont des facteurs uniquement psychologiques.

Tout ce qui impressionne l'optimisme ou le pessimisme des foules, se répercute instantanément sur le cours du change. De toutes les théories exposées jusqu'à présent, la théorie psychologique de M. Aftalion semble être la seule qui puisse expliquer d'une façon complète les oscillations fantasques du change, trop souvent observées depuis 1914.

DEUXIÈME PARTIE

La Stabilisation

Dans la première partie de cet ouvrage nous avons exposé la théorie du change ; nous avons analysé les causes auxquelles sont dues les fluctuations du change. Nous avons montré que l'ampleur de ces fluctuations devient particulièrement alarmante lorsque la devise envisagée est fiduciaire, c'est-à-dire lorsqu'elle n'a plus de base métallique comme ce fut le cas dans la plupart des Etats, pendant et au lendemain de la grande tourmente de 1914-1918. Les méfaits de l'instabilité des changes sont trop connus pour que nous soyons obligés de les exposer ici en détail. Rares sont les personnes qui ayant été témoins des événements des 15 dernières années n'aient pas eu à déplorer les effets désastreux de l'instabilité des cours du change.

L'instabilité du change bouleverse toute l'organisation économique d'un pays. On sait qu'un des éléments fondamentaux de l'organisation économique des pays modernes est le crédit. Or, dans les périodes de fluctuations intenses du change le mécanisme du crédit se trouve faussé. En effet nous avons vu que les variations du change sont presque toujours accompagnées d'une hausse ou d'une baisse du pouvoir d'achat de la monnaie. Autrement dit, la monnaie a une valeur différente suivant les époques. Dans ces circonstances les créanciers qui redoutent une baisse ultérieure du pouvoir d'achat de la monnaie, hésitent à accorder, ou à renouveler les crédits.

D'autre part, l'instabilité du change est une source constante d'injustices pour les créanciers et parfois, même pour les débiteurs. Le capitaliste qui a prêté une somme d'argent avant la guerre, se voit forcé, en France par exemple, d'accepter une somme dont le pouvoir d'achat ne représente même pas la cinquième partie du pouvoir d'achat de la monnaie prêtée. Dans les pays où la dépréciation du papier-monnaie a pris des proportions beaucoup plus désastreuses qu'en France, le remboursement d'une dette contractée en période de convertibilité, a pris l'aspect d'une pure escroquerie, et les débiteurs peu scrupuleux ne se firent pas faute d'en profiter. Telles furent les circonstances créées par la guerre que l'on vit les pouvoirs publics assister impuissants à ces scandaleuses injustices. La justice ne pouvait pas sévir contre les débiteurs malhonnêtes parce qu'elle se serait vue obligée de traiter l'Etat débiteur de la même façon. On pourrait prolonger indéfiniment la liste des inconvénients qui résultent de l'instabilité du change.

Quant aux avantages qui peuvent en résulter, ils sont plus apparents que réels. On a maintes fois insisté sur l'essor formidable que prenaient les exportations pendant les périodes de baisse du change. Bien que les avantages résultant d'une exportation intense de marchandises ne soient pas négligeables, ils ne sont pas de nature à compenser les effets néfastes d'une dépréciation du change. Les exportations ne sont stimulées que par la différence entre les pouvoirs d'achat interne et externe de la monnaie nationale. Or, nous savons que cet écart entre ces deux pouvoirs d'achat tend à la longue à disparaître. L'excédent des exportations ne peut donc qu'être momentané, à moins que la dépréciation du change ne continue à s'accentuer indéfiniment ; et comme chacun le sait les conséquences d'une telle dépréciation continue sont catastrophiques.

Dans un pays à étalon monétaire instable, il est donc de première importance de stabiliser le cours du change. La stabilisation est une étape primordiale que les pays doivent franchir avant de revenir à la structure économique d'avant-guerre.

La stabilisation est-elle possible dans un pays dont le change subit des variations désordonnées ? Peut-on revenir dans de tels pays à un régime analogue à celui d'avant-guerre ?

L'expérience des cinq dernières années nous montre que dans de tels pays, la stabilisation est possible. Dans les chapitres qui suivent nous étudierons les méthodes suivies à cet égard par les Etats modernes.

CHAPITRE PREMIER

Le Mécanisme de la Stabilisation

—

§ 1. — *Le retour à l'or*

On sait que tant que la monnaie d'un pays reste convertible, les fluctuations du change sont étroitement limitées entre les deux *gold-points* ; les points d'entrée et de sortie du métal jaune. L'écart entre ces deux points est en général très faible ; aussi, tant que le cours du change ne se meut qu'à l'intérieur de ces points de l'or, la stabilité du change quoique n'étant pas absolue est suffisante pour les besoins de la vie économique. Pour stabiliser donc le cours du change d'une devise, il suffit de rétablir sa convertibilité en métal jaune. La convertibilité faisant apparaître les *gold-points*, met un terme aux amples variations du cours du change ; celles-ci sont désormais étroitement confinées entre les points d'entrée et de sortie du métal précieux.

Si tous les Etats rétablissaient l'étalon-or comme monnaie légale, nous aurions une situation analogue à celle de 1913 qui était, quoi qu'en disent certains économistes, très satisfaisante. Le cours du change entre les diverses devises se fixait toujours en tenant compte de la quantité d'or fin contenue dans chaque unité monétaire étrangère. Il en résultait pour les changes internationaux une grande stabilité, qui contribuait à la prospérité et au bien-être de tout le monde.

Le retour à l'étalon-or doit donc être universellement souhaité. Toutefois, certains économistes ne trouvent pas que le système monétaire basé sur l'étalon-or soit tout à fait satisfaisant. Ils pensent que l'étalon-or n'est qu'un système monétaire suranné, peu en rapport avec les exigences de la vie économique moderne. Nous exposerons très brièvement, les vues de deux économistes éminents, J. M. Keynes et Irving Fisher, qui pensent que le retour au système d'avant-guerre n'est pas à souhaiter et qu'une réforme monétaire radicale s'impose.

J. M. Keynes remarque que les prix exprimés en or ont varié pendant toute la durée du XIXe siècle. Il constate également que depuis 1914, le pouvoir d'achat du dollar, qui n'a jamais cessé d'être une monnaie-or, a grandement varié. Si l'on représente par 100 l'indice des prix aux Etats-Unis en 1913, on remarque qu'en mai 1920, il atteignait 247. Donc, conclut J. M. Keynes, une monnaie-or quoique pouvant assurer la stabilité du change, n'assure nullement la stabilité des prix. « En vérité, dit-il, l'étalon-or est déjà une relique barbare » (1).

J. M. Keynes est d'avis que l'étalon d'un pays doit être artificiel, et que la politique financière du gouvernement doit être telle, qu'elle puisse assurer la stabilité des prix.

D'ailleurs, ajoute Keynes, une monnaie artificielle indépendante de l'or ne serait pas de nos jours une inno-

---

(1) J. M. KEYNES, *La réforme monétaire*, p. 198.

vation. « Un étalon non métallique réglementé a passé inaperçu. Il existe. Tandis que les économistes sommeillaient, le rêve séculaire, dépouillant son manteau, vêtu de haillons de papier, s'est précipité dans le monde réel, par l'entremise des mauvaises fées, toujours plus puissantes que les bonnes, que sont les ministres des finances ».

Pour assurer la stabilité des prix, le Gouvernement et la banque centrale du pays doivent adopter la politique dite de la « monnaie dirigée ». La Banque centrale d'émission devra suivre de près les variations des prix ; elle doit même faire plus et le prévoir. Elle modifiera, en conséquence, le taux de l'escompte. En même temps, la Banque centrale s'entendra avec le Gouvernement pour faire varier convenablement le volume de la circulation monétaire. De la sorte, pense M. Keynes, en maintenant une proportion stable entre le volume de la circulation monétaire et des crédits bancaires d'une part, et les exigences des affaires de l'autre, on arrivera à la stabilité des prix et l'on évitera ainsi les crises périodiques qu'on constate régulièrement et qui sont accompagnées d'une baisse des prix. Si donc la politique de la « monnaie dirigée » est convenablement appliquée dans un pays, le pouvoir d'achat de la monnaie restera stable et il n'y aurait que le prix de l'or qui varierait.

Irving Fisher est de l'avis de J. M. Keynes en ce qui concerne l'instabilité des prix résultant d'un étalon-or. Mais il ne propose pas de répudier à tout jamais l'or du système monétaire du pays. Il préconise un système, peu pratique en somme, dans lequel le poids d'or fin contenu dans chaque unité monétaire ne serait pas immuable.

Suivant que les prix auront tendance à s'élever ou à s'abaisser, on fera varier la quantité d'or contenue dans l'unité monétaire. Ainsi, les prix resteraient stables et l'on aboutirait aux mêmes conséquences que celles prévues par le système de J. M. Keynes.

Nous concluons que dans le pays qui adopterait les vues de Fisher il n'y aurait pas de monnaie-or en circulation mais que le papier-monnaie serait convertible en lingots d'or, dont le poids varierait suivant que les prix auront tendance à la hausse ou à la baisse. Bref, le pays vivrait sous le régime du gold Bullion Standard (1).

Ces systèmes quoique très ingénieux, sont cependant difficiles à appliquer. Ils acceptent en premier lieu une certaine instabilité des changes étrangers, dont il est à peine nécessaire de rappeler les inconvénients. D'autre part, ils mettent entre les mains des gouvernements, un instrument dangereux qu'à la moindre difficulté ils seraient tentés d'en abuser. Keynes entrevit cette objection (2). « En pratique, dit-il, comme les gouvernements sont tantôt sages et tantôt fous, une monnaie artificielle causera tôt ou tard des inconvénients quelconques ».

D'un autre côté, en supposant même que le gouvernement ait la bonne volonté d'appliquer scrupuleusement les principes de la « monnaie dirigée », rien ne nous garantit que la monnaie dirigée sera bien dirigée. Comment les gouvernements et la Banque centrale pourront-ils pré-

(1) Voir *infra*, p. 128.
(2) Keynes, *op. cit.*, p. 189.

voir les variations de pouvoir d'achat de la monnaie ? Il faut qu'ils possèdent des statistiques de nombres indices rigoureusement exactes et complètes. Une simple erreur de calculs qui donnerait une mauvaise direction à la monnaie ne provoquerait-elle pas des inconvénients infiniment plus graves que ceux qui accompagnent l'étalon-or ?

Pour toutes ces raisons la majorité des économistes contemporains sont pour le retour pur et simple à l'étalon-or. Et la tendance de la plupart des gouvernements est de revenir à l'étalon-or qui somme toute assure une stabilité des prix et des changes très suffisante. Comme disait un banquier anglais : « Le monde entier, après quelques flirts, revient à ses anciennes amours. L'or n'a aucun rival qui compte ».

§ 2. — *La stabilisation de fait et la stabilisation de droit*

Lorsqu'un Etat rétablit la convertibilité en métal précieux du papier-monnaie, à un taux fixe, la stabilisation du change envers les pays à monnaie saine est consommée. C'est la stabilisation de droit. Désormais, le cours du change du pays envisagé ne peut plus s'écarter sensiblement du pair, à moins que de graves événements n'obligent le gouvernement de suspendre à nouveau la convertibilité.

Mais la stabilité du cours du change peut se prolonger pendant un certain temps sans qu'il y ait consécration légale. C'est la stabilisation de fait. Elle peut être soit accidentelle, chose qui est assez rare, ou bien voulue par le gouvernement.

Lorsque les conditions qui influent sur le change restent pendant un certain temps constamment les mêmes, lorsque par exemple la balance commerciale reste presque identique, lorsque la situation politique du pays ne change pas, lorsque le degré de confiance dont jouit le gouvernement reste le même, lorsque enfin le volume de la circulation monétaire est immuable, il se peut que ce concours de circonstances impriment au change une certaine stabilité relative. Mais cette stabilité de fait est essentiellement précaire. Le moindre changement dans les conditions économiques ou politiques du pays, ou plus simplement un changement d'humeur de la foule, peut, d'un moment à l'autre, provoquer de nouvelles fluctuations du change.

Mais la stabilité de fait peut aussi résulter d'une politique réfléchie du gouvernement. Pour arriver à cette stabilité du change, le gouvernement charge en général un organisme officiel ou semi-officiel de procéder à la vente et à l'achat de devises étrangères à un taux stable. Tant que l'organisme en question parvient à exécuter fidèlement les instructions du gouvernement, le change reste stable. Cette stabilité est infiniment moins précaire que celle qui résulte d'un concours hasardeux de circonstances. Le seul facteur qui compte dans ce cas est l'exécution du programme de stabilisation. L'efficacité de cette politique est toujours assurée car elle agit directement sur les appréciations qualitatives des individus vendeurs ou acheteurs de devises étrangères. Nul ne consent dans ces circonstances à vendre sa monnaie étrangère à un prix inférieur au prix offert par l'organisme stabilisateur. De même, personne ne consent à acheter une devise étrangère à un prix plus élevé que celui exigé par le même organisme. L'acheteur à un prix supérieur ou le vendeur à un prix plus faible feraient un marché de dupe.

On sait que de décembre 1926 jusqu'en juin 1928 le change français était stabilisé de fait aux environs de 124 francs la livre sterling. Comme la livre sterling était déjà redevenue une monnaie convertible en or, le franc français était stabilisé envers le métal jaune. A quoi était due cette stabilisation de fait ?

Elle était due à la politique de stabilisation inaugurée par le gouvernement d'Union nationale. Le gouvernement avait chargé la Banque de France d'acheter et de vendre des devises étrangères aux environs de 124 francs la livre sterling. La Banque de France s'étant acquittée brillamment de sa mission, le change français resta stable depuis cette époque.

On pourrait se demander pourquoi tous les gouvernements qui ont eu à déplorer les méfaits de la crise des changes, n'ont pas songé à recourir à une politique analogue de stabilisation. La réponse s'impose d'elle-même ; ce n'est pas le désir qui a manqué à ces gouvernements, ce sont les moyens. L'organisme qui se charge de la stabilisation du change doit être en mesure d'exécuter sa mission. Il doit posséder un stock considérable de devises étrangères afin de faire face à toutes les demandes ; il doit être également en mesure d'acheter les devises étrangères qui lui seraient présentées.

Si de 1926 à 1928 la Banque de France n'avait pas

pu faire face à toutes les offres et les demandes de change étranger, la stabilisation du franc n'aurait pas eu lieu.

Il ne faut pas penser que la stabilisation de fait a les mêmes résultats que la stabilisation de droit. Les résultats bienfaisants acquis dans un pays à stabilisation de fait ne seront jamais aussi considérables que ceux qui résulteraient d'une stabilisation légale. En effet, dans le premier cas la confiance n'est pas rétablie entièrement ; personne n'est assuré que la stabilité de fait durera, éternellement ; on craint toujours que si les réserves de l'organisme central s'épuisent on n'ait à déplorer un nouvel effondrement du change. Et tant qu'il y aura de telles appréhensions, le crédit à long terme ne reprendra pas dans l'économie nationale la place qui lui revient. Tandis que la stabilisation légale, grâce au prestige de la convertibilité en or, obtient des résultats bienp lus positifs.

Notons enfin que dans les pays qui ont décidé de rétablir l'étalon-or, la stabilisation de droit est précédée d'une période plus ou moins longue de stabilisation de fait. C'est l'acheminement rationnel vers la convertibilité.

§ 3. — *Les divers systèmes*

Le Gold-Standard.

D'après ce qui vient d'être dit, le moyen le plus simple théoriquement et en même temps le plus efficace pour stabiliser le cours du change d'une monnaie, est de rétablir purement et simplement sa convertibilité en or. Le système monétaire dans lequel le papier-monnaie est convertible en or et qui était en vigueur dans la plupart des grands pays à la veille de la guerre, est ce qu'on appelle le *Gold Standard*.

L'essence de ce système est qu'il admet que l'unité monétaire est avant tout un poids de métal jaune. L'or circule à l'intérieur du pays sous forme de pièces de monnaie. Le Gold Standard suppose également que la frappe est libre. Quiconque possède une quantité d'or a la possibilité en s'adressant à l'Hôtel des monnaies de la transformer en pièces métalliques.

En même temps, et c'est un point capital pour le cours du change, l'importation et l'exportation de l'or doivent être entièrement libres. C'est de cette façon que le mécanisme des gold-points jouera normalement.

Le gold-standard n'exclut pas la monnaie fiduciaire. Une grande partie de la circulation peut avoir la forme de billets de banque. Mais ces billets seront entièrement convertibles en or ; tout porteur d'un billet de banque pourra en s'adressant à la banque d'émission toucher de l'or. La convertibilité du billet de banque sera garantie par l'encaisse-or de la Banque centrale. Ajoutons qu'il n'est nullement nécessaire que l'encaisse-or soit aussi considérable que le montant intégral des billets en circulation, car à aucun moment tous les porteurs de billets ne se présenteront simultanément aux guichets de la banque d'émission pour exiger de l'or. Une encaisse de 30, 40 ou 50 0/0 de la circulation fiduciaire est amplement suffisante pour effectuer des paiements or qui auront tôt fait d'écarter toute panique éventuelle.

Le système du Gold Standard est le système monétaire idéal. La valeur de chaque unité monétaire est concrète grâce au métal qu'elle contient ou qu'elle permet d'obtenir par simple conversion. Aujourd'hui le rétablissement pur et simple du Gold Standard dans les pays à change déprécié paraît problématique. Le Gold Standard suppose une abondante circulation de métal jaune ; il n'est à la portée que des pays riches. Aussi les pays naguère opulents mais qui ont eu à souffrir de la grande guerre ne peuvent pas y revenir.

D'ailleurs pour stabiliser le cours du change, on peut recourir à des systèmes autres que le Gold Standard mais qui sont tout aussi efficaces. Puisque nous avons vu que la stabilité du change résulte du fonctionnement des gold-points on peut faire agir ceux-ci tout en ne rétablissant pas intégralement l'étalon-or. Il suffit pour cela d'affecter le peu d'or qu'on dispose aux règlements internationaux. Les systèmes autres que l'étalon d'or intégral imaginés pour revenir à un régime de stabilité, sont le *Gold Exchange Standard* et le *Gold Bullion Standard*.

Le Gold Exchange Standard.

Le Gold Exchange Standard, « l'étalon d'or de change » est un système monétaire dans lequel la monnaie qui circule à l'intérieur du pays est inconvertible ; elle est entièrement fiduciaire.

L'or n'intervient que pour le règlement des transactions internationales. Voici comment :

Lorsqu'une personne désire effectuer un paiement à l'étranger et qu'elle ne dispose que de billets, elle s'adresse à la Banque Centrale d'Émission ; celle-ci échange les billets qui lui sont présentés contre une devise étrangère convertible en or.

Le taux auquel la Banque d'Emission vend les devises étrangères est fixé d'avance et correspond au taux de stabilisation qu'on se propose d'atteindre. En même temps la Banque d'émission achète aux environs du même prix les devises-or étrangères qui lui sont présentées.

Lorsque la Banque Centrale d'émission a adopté le Gold Exchange Standard et qu'elle parvient à vendre ou à acheter la devise-or étrangère, à un taux déterminé, on conçoit que le cours du change reste stable. Désormais le détenteur de billets peut en fin de compte se procurer de l'or à un taux fixe. Il n'a qu'à demander à la Banque Centrale une quantité correspondante de devises étrangères, et la convertir en or puisque par hypothèse cette devise est convertible en or.

Le grand avantage du Gold Exchange Standard est qu'il permet au gouvernement d'aboutir à la stabilisation sans avoir besoin d'une encaisse-or considérable, puisque la monnaie en circulation reste toujours inconvertible. Il suffit pour que le Gold Exchange Standard soit couronné de succès que la Banque Centrale d'émission puisse disposer d'un stock suffisant de devises-or étrangères pour les céder, au prix fixé, aux personnes qui en feraient la demande.

Pour être efficace, quant à la stabilisation du change,

le Gold Exchange Standard ne laisse pas d'avoir certains inconvénients. La stabilité qui résulte de système résulte de la certitude qu'ont les individus d'obtenir contre leurs billets, de l'or. Mais cet or où est-il puisé ? Dans l'encaisse métallique de la Banque Centrale d'un pays étranger. Or, sur cette encaisse, le gouvernement du pays considéré n'a aucun contrôle. D'autre part, l'encaisse-or étrangère est déjà affectée à la couverture de la circulation du pays étranger. Lorsqu'un autre pays adopte le Gold exchange standard, on voit reposer sur une seule encaisse-or deux circulations distinctes, de deux pays différents. Le pays qui adopte le Gold Exchange Standard lie sa destinée au régime monétaire du pays à convertibilité.

De sorte que, un pays ne doit adopter le Gold exchange standard que s'il se trouve dans l'impossibilité d'adopter un système meilleur.

Rappelons que le Gold Exchange Standard, ne sert pas exclusivement à stabiliser le cours du change d'une monnaie fiduciaire. Il peut aussi servir à stabiliser le cours du change d'une monnaie-argent vis-à-vis des pays à monnaie-or. On sait que le Gold Exchange Standard fit son apparition pour la première fois dans l'Inde en 1893 dans le but de stabiliser le cours du change de la roupie indienne envers les pays à monnaie-or et en particulier l'Angleterre. Jusqu'à cette date l'Inde vivait sous le régime du monométallisme argent et la dépréciation du métal blanc avait eu de fâcheux effets sur le cours du change indien.

Le Gold Exchange Standard fut ensuite adopté par divers pays qui éprouvaient des difficultés du même ordre. Ce fut le cas du Siam, des Philippines, des Straits Settlements et d'autres pays.

Après la guerre, le Gold Exchange Standard a été adopté par la plupart des pays, à monnaie avariée qui désiraient revenir à un régime plus stable.

Le Gold Bullion Standard.

On peut considérer le Gold Bullion Standard comme une variante du Gold Exchange System. C'est un régime monétaire intermédiaire entre l'étalon d'or de change et le régime de convertibilité absolue.

Dans le système du Gold Bullion Standard, la monnaie qui circule à l'intérieur du pays est constituée par une monnaie de papier n'ayant pas de valeur propre. Mais la Banque d'émission est tenue de livrer de l'or aux porteurs de billets qui se présentent à ses guichets, non pas en pièces de monnaie mais en lingots.

Le prix contre lequel la Banque cède les lingots d'or est déterminé par le pair légal, c'est-à-dire par le poids d'or suivant lequel la loi définit l'unité monétaire. En même temps la Banque est tenue d'acheter au même prix toutes les quantités d'or fin qui lui sont présentées.

Mais la banque d'émission n'est tenue de livrer des lingots d'or qu'au-dessus d'une certaine valeur qui en général est très considérable. De sorte que les particuliers qui se présentent à la Banque pour convertir leurs billets en or sont très rares.

Ajoutons que dans le système du Gold Bullion Standard la frappe de la monnaie métallique n'est pas libre.

Ainsi sous le régime du Gold Bullion Standard comme il a été décrit, la circulation monétaire reste toujours artificielle. Mais la convertibilité est assurée et quiconque parvient à réunir une quantité importante de billets de banque peut être certain de toucher de l'or.

L'avantage du Gold Bullion sur le Gold Standard est qu'il rétablit la convertibilité du billet de banque sans nécessiter de quantités énormes d'or. Si l'on rétablissait la frappe libre, l'or rentrerait dans la circulation, et une partie importante en serait thésaurisée. De grandes quantités d'or seraient également nécessaires, si la banque consentait à donner des lingots d'or même aux porteurs de petites sommes.

Le Gold Bullion Standard paraît être le système que doivent adopter les États qui, quoique n'étant pas en état de revenir au Gold Standard, désirent néanmoins avoir une devise stable. A l'heure actuelle, le Gold Standard paraît être un luxe que seuls les Etats très riches peuvent se permettre d'en jouir. Le régime auquel ont abouti les réformes monétaires en France et en Angleterre durant ces dernières années est le Gold Bullion Standard. Lorsque le Chancelier de l'Échiquier déposait la loi du Gold Standard Act de 1925, il s'exprimait ainsi : « Rétablir l'ancien étalon d'or ne signifie pas que nous allons recourir à une nouvelle frappe d'or. Cela serait tout à fait inutile et parfaitement extravagant. Je fais appel à tous pour qu'ils continuent à se servir des billets et ne changent rien aux habitudes prises depuis dix ans ».

§ 4. — *La revalorisation et la dévaluation*

Il nous reste maintenant à examiner le taux auquel la stabilisation doit être opérée. Lorsqu'un Etat a décidé de stabiliser sa monnaie, à quel taux cette stabilisation doit-elle être opérée ? Quel est le poids d'or contre lequel on échangera désormais l'unité monétaire ? Sera-ce un poids d'or équivalent au pair d'avant-guerre, ou bien une fraction de celui-ci ? Autrement dit, faut-il revaloriser l'unité monétaire dépréciée, ou bien consacrer sa dévaluation ?

Remarquons qu'il est des pays pour lesquels la question ne se pose pas. Lorsque dans un pays comme l'Allemagne, l'inflation a atteint des proportions telles que l'émission quotidienne de billets de banque était chiffrée non plus par milliards mais par centaines de trillions, il ne peut plus être question de revalorisation. Même si on employait à cet effet tout l'or du monde, on ne parviendrait à convertir qu'une infime partie du papier-monnaie en circulation.

Le dilemme revalorisation ou dévaluation ne se pose donc qu'aux pays dont le papier-monnaie quoique déprécié, conserve toujours une fraction importante de son pouvoir d'achat.

Les partisans de la revalorisation invoquent à l'appui de leur thèse, la justice qui exige que les créanciers et en général les capitalistes d'avant-guerre ne soient pas spoliés de leur fortune. Ils ajoutent que la revalorisation rétablit le prestige de l'Etat et que ceci est une question d'honneur national. La dévaluation au contraire consacre la faillite de l'Etat, lui fait perdre irrémédiablement toute la confiance dont il jouissait et équivaut à une répudiation d'une partie importante de sa dette.

Les arguments en faveur de la revalorisation pour être exacts ne font pas oublier les inconvénients graves qui résulteraient d'un retour au pair d'avant-guerre. En premier lieu, si la justice exige que les créances contractées avant la guerre soient acquittées intégralement, elle exige également que les débiteurs qui ont emprunté durant les périodes de dépréciation ne paient pas plus que ce qu'ils ont reçu. Or, à mesure que le temps passe et que la dépréciation de la monnaie dure, les débiteurs récents deviennent de plus en plus nombreux, tandis que les créanciers d'avant-guerre ont pour la plupart, ou bien liquidé leurs créances, ou bien cédé leurs titres à des personnes tierces et pour le prix calculé en monnaie dépréciée. De sorte que les injustices commises par un retour au pair intégral, seraient tout aussi nombreuses que celles qui résulteraient d'une consécration officielle de la dévaluation.

Nous avons vu que la dépréciation du change, provoquant une disparité des pouvoirs d'achat de la monnaie, stimulait les exportations du pays. La revalorisation entraînant une hausse du pouvoir d'achat interne de la monnaie nationale provoque un phénomène inverse. Les exportations diminuent sensiblement, et la chose est d'autant plus grave que, en période de revalorisation, les prix baissent beaucoup plus rapidement que les prix de revient dans l'industrie.

Enfin, la revalorisation fait peser sur l'État tout le poids de la dette publique, qui est désormais chiffrée en unités monétaires de plus en plus appréciées. Le gouvernement pour amortir cette dette, devenue insupportable, se voit obligé d'exiger des contribuables des impôts de plus en plus lourds qui diminuent d'autant les facultés productrices de la Nation.

De sorte qu'une politique de revalorisation entraîne inévitablement une crise économique pour le pays. L'exemple de l'Angleterre est très instinctif à cet égard. On sait que ce pays dont l'unité monétaire ne s'est jamais dépréciée dans des proportions alarmantes, est revenu au pair d'avant-guerre en 1925. Cette opération courageuse qui fait honneur au peuple anglais, a été suivie d'une crise économique qui se continue à l'heure actuelle. C'est en partie aux raisons qui viennent d'être décrites qu'on peut attribuer le fait que la moyenne des exportations du Royaume-Uni pendant ces dernières années atteint à peine 80 0/0 du niveau d'avant-guerre.

L'exemple de la Grande-Bretagne est suffisant pour détourner de la revalorisation les pays dont la dépréciation du change a été infiniment plus grave. Aussi ces divers pays ont-ils adopté la politique de la dévaluation.

Quoique plus aisée à réaliser, la dévaluation présente des inconvénients qu'il serait vain de vouloir dissimuler. Nous avons déjà dit que la dévaluation est la consécration officielle des injustices commises à l'égard des capitalistes d'avant-guerre. Les classes possédantes sont définitivement spoliées d'une partie importante de leur fortune. Il ne faut également pas oublier de faire mention de la perte de prestige de l'État qui par la dévaluation répudie la part la plus considérable de sa dette contractée en monnaie saine. C'est un cas de faillite occulte. La seule excuse qu'on puisse trouver à l'État qui a recours à la dévaluation, c'est la force majeure. Ayant eu à faire face aux dépenses d'une guerre aussi désastreuse que celle dont nous avons été les témoins, un État a le devoir de rentrer dans une situation normale par tous les moyens possibles.

Lorsqu'un État a opté pour la politique de la dévaluation, une question très délicate se pose, de la solution de laquelle dépend le succès de la réforme. A quel taux faut-il effectuer la dévaluation? La stabilisation opérée à un taux trop élevé ou trop bas entraîne des inconvénients. Une stabilisation du change opérée à un taux très élevé entraîne entre autres désavantages un ralentissement des exportations. Une stabilisation opérée à un taux du change trop bas détruit une partie très grande des capitaux de roulement à la disposition du public et diminue d'autant les facultés productrices de la Nation. L'Italie, pour avoir stabilisé son change à un taux trop favorable de 92, 46 lires pour une livre sterling en décembre 1927, traverse une crise économique qui, aux dires de certains économistes, aurait été sensiblement atténuée si la politique monétaire suivie était plus appropriée aux circonstances.

Lorsque la moyenne du change s'est maintenue autour d'un certain cours pendant un temps assez long, il est logique que la stabilisation soit opérée aux environs de ce cours, car les relations économiques ont eu le temps de s'adapter plus ou moins bien à l'état de choses créé. C'est la seule indication pratique qu'on puisse donner concernant le taux de la stabilisation ; le reste doit être décidé par les techniciens après une étude approfondie des conditions économiques du pays.

Il est une opinion courante suivant laquelle la stabilisation du change dans un pays est accompagnée d'une crise économique. La chose ne paraît pas être inexacte ; on constate toujours un ralentissement du mouvement des affaires dans les pays qui ont procédé à la stabilisation, la crise étant plus ou moins intense suivant les cas. Mais il serait faux d'attribuer la crise à la stabilisation elle-même. Le ralentissement du mouvement général des affaires est le plus souvent dû à la revalorisation de l'unité monétaire et parfois la stabilisation n'intervient que pour empêcher une trop grande appréciation de la devise nationale. Ce fut notamment le cas de la France où, à partir du 23 décembre 1926, la Banque de France intervint sur le marché des changes pour ramener et y maintenir le cours de la livre sterling aux environs de 124 fr.

La revalorisation provoque dans le pays une crise économique pour des raisons qui ont souvent été exposées. On sait qu'en période d'instabilité du change, les prix à l'intérieur du pays suivent avec un retard considérable les oscillations du change. Si la devise nationale est en train de se déprécier, les prix de revient dans l'industrie augmentent beaucoup plus lentement que ne le font les changes étrangers. De sorte qu'il devient avantageux pour les détenteurs de devises étrangères d'acheter des marchandises dans les pays à change déprécié. C'est ce qu'on appelle « la prime à l'exportation » qui stimule la production du pays. En cas de revalorisation, le phénomène inverse se produit et alors il est question du marasme dans lequel se trouve plongée l'industrie nationale.

Il existe une autre raison qui stimule l'activité industrielle du pays en période de dépréciation du change, c'est-à-dire de hausse des prix. Les particuliers craignant une hausse toujours plus grande des prix se ruent sur les marchandises et multiplient leurs commandes ; il se produit une fuite devant la monnaie nationale. En période de revalorisation, de baisse des prix, les particuliers escomptant une baisse toujours plus grande des prix évitent d'acheter des marchandises ; ils font la « grève des acheteurs ». Une des raisons qui déterminèrent le gouvernement français de procéder à la stabilisation légale du franc en juin 1928 était le souci de persuader le public que la valeur du change français ne s'élèverait plus davantage comme certains se l'imaginaient volontiers.

La preuve que la crise qui accompagne la stabilisation est en grande partie provoquée par la revalorisation se trouve dans le fait que souvent la crise apparaît avant la stabilisation. Lorsqu'en Allemagne la dépréciation du change atteignit les proportions vertigineuses que l'on sait, les particuliers contractèrent l'habitude de faire leurs calculs sur la base des prix-or. Immédiatement le niveau des prix intérieurs s'éleva pour atteindre le niveau général des prix dans les autres pays de l'Europe, et les premiers symptômes de la crise apparurent. Dans d'autres pays, tels que la France, la stabilisation intervint pour éluder les menaces de crise. Si, en décembre 1926, on n'arrêtait pas en France la baisse persistante du cours de la livre sterling, les plus graves conséquences auraient résulté pour l'industrie française.

Ajoutons enfin que la stabilisation en mettant un terme à la période embrouillée qui accompagne l'instabilité des changes, met un terme aux profits réels ou éventuels résultant de la spéculation ; le revenu artificiel de la nation créé par l'inflation disparaît également. Les particuliers se trouvent désormais à même de calculer avec exactitude leurs fortunes et leurs revenus. Presque toujours ils se retrouvent plus appauvris qu'ils ne le pensaient. Aussi dorénavant s'abstiennent-ils de faire les dépenses fastueuses auxquelles ils étaient habitués pendant la période de prospérité artificielle qui précédait. Ils limitent désormais strictement leurs dépenses au montant de leur revenu. La crise donc qui accompagne la stabilisation ne doit donc pas être jugée sévèrement ; c'est une période de pénitence et de rédemption indispensable à l'avenir économique du pays.

Avant de terminer ce chapitre, notons qu'il est certaines conditions *sine qua non* qui doivent être remplies avant toute tentative de stabilisation. Si un état adopte une politique de stabilisation, avant de s'être assuré que ces conditions sont remplies, cette politique est vouée à l'échec.

L'une de ces conditions, est l'équilibre rigoureux du budget. Si cet équilibre est précaire, l'Etat sera fatalement obligé de recourir à l'inflation, ce qui provoque, tôt ou tard, une dépréciation du change, pour les raisons qui ont été décrites dans la première partie de cet ouvrage.

De même, le Trésor doit se trouver dans une situation

assez aisée. La dette flottante doit être réduite, et surtout des ressources doivent être prévues pour les remboursements des titres qui viennent à échéance. Autrement, l'Etat se trouve obligé d'avoir recours à la planche à billets, et la stabilisation est à nouveau compromise.

Dans les pages qui vont suivre, nous exposerons la politique d'assainissement monétaire suivie par deux grands Etats, l'Angleterre et la France, et qui aboutit dans le premier de ces pays, à la revalorisation de l'unité monétaire, et dans le second à sa dévaluation.

CHAPITRE II

La Réforme monétaire en Grande-Bretagne

En apparence, l'Angleterre fut le pays qui au point de vue monétaire souffrit beaucoup moins que les autres Etats européens, pendant et au lendemain de la guerre. Le cours de son change se maintint durant toute la guerre et jusqu'en 1925 assez voisin du pair et dès mai 1925, l'étalon-or était rétabli. En réalité l'Angleterre fut un des pays qui financièrement furent le plus éprouvés par la grande guerre. Comme nous l'exposerons dans les pages qui suivent, l'apparente stabilité de la livre sterling, ainsi que le prompt rétablissement de l'étalon-or sont dus, non pas à la situation prospère des finances britanniques, mais à la politique courageuse et réfléchie des dirigeants anglais.

Avant d'aborder l'étude de l'histoire monétaire anglaise après 1914, il nous faut dire quelques mots sur le système monétaire de la Grande-Bretagne.

Ce système est basé sur la loi du 22 juin 1816 qui établit en Angleterre le monométallisme-or. L'unité monétaire est la livre sterling qui, aux termes du Coinage Act de 1870, doit contenir 123, 27447 grains troy d'or aux onze douzièmes de fin ; soit 7 gr. 32238 d'or fin.

L'Institut d'émission est la Banque d'Angleterre. Cette Banque n'a pas le monopole de l'émission dans le Royaume-Uni. La *Bank of Scotland* pour l'Ecosse, la

Bank of Ireland pour l'Irlande ainsi que d'autres banques écossaises et irlandaises moins importantes ont également le privilège d'émission.

Pour l'Angleterre et le Pays de Galles, la Banque d'Angleterre est le seul Institut d'émission. Son statut est réglé par la Bank act de Robert Peel datant de 1844.

La Banque d'Angleterre peut émettre des billets :

1° Jusqu'à concurrence de 19 millions 750.000 livres sterling qui sont garanties par les *government securities*.

2° En contre-partie de son encaisse-or, chaque billet de banque émis au-dessus des 19.750.000 livres doit être représenté par une quantité correspondante d'or contenu dans les coffres de la Banque d'Angleterre.

C'est l'application rigoureuse du *currency-principle* par opposition au *banking principle*.

La rigidité exceptionnelle du Currency Principle fut cause que, au courant du XIXe siècle, la Bank Act fut momentanément suspendu trois fois. Comme nous allons le voir, il fut suspendu à nouveau dès les premiers jours de la grande guerre.

§ 1. — *La situation au lendemain de la guerre*

Le 6 août 1914, une loi suspendait l'application au Bank Act de 1844. Toutefois et en théorie la convertibilité en or des billets de Banque était maintenue et l'exportation du métal jaune était autorisée. En fait de telles entraves étaient apportées, que, pratiquement, personne ne pouvait se faire rembourser en or les billets qu'il détenait, ni exporter l'or dont il était le propriétaire. De sorte qu'on peut dire qu'en Angleterre comme dans tous les Etats belligérants, la circulation monétaire devint entièrement fiduciaire.

Pour financer la guerre, le gouvernement anglais eut recours aux expédients que nous avons eu l'occasion d'exposer dans la première partie de notre ouvrage, et qui se réduisent en fin de compte à la création artificielle d'un pouvoir d'achat, par un accroissement de la circulation monétaire ; c'est ce que nous avons désigné par le mot inflation.

Cependant, l'inflation en Angleterre se manifesta sous une forme particulière ; elle ne se traduisit pas comme dans la plupart des autres pays par une création de billets de banque, que l'Institut d'émission mettait à la disposition du gouvernement. En Angleterre l'inflation résultait d'un accroissement de crédits, et de la mise en circulation par l'Etat d'un papier-monnaie d'un genre nouveau : les Currency-Notes.

Inflation de crédits

Le gouvernement anglais ayant à faire face aux dépenses de la guerre, et ne trouvant dans les ressources provenant de l'impôt qu'une faible partie de l'argent dont il avait besoin, s'adressait aux banques pour obtenir les crédits nécessaires.

La Banque d'Angleterre ouvrit des crédits considérables au gouvernement britannique, sous forme d'avances par voies et moyens : « ways and means advances ».

En second lieu, les banques privées offrirent aussi des

ressources au gouvernement soit en souscrivant aux emprunts de guerre soit en avançant au public des sommes considérables, grâce auxquelles les particuliers souscrivaient aux emprunts.

De la sorte, le pouvoir d'achat mis aux mains du public devenait de plus en plus considérable. En effet, même les avances de la Banque d'Angleterre au gouvernement passaient finalement aux mains du public. Le gouvernement ayant à payer ses fournisseurs leur remettait au lieu d'argent comptant, des chèques tirés sur des dépôts créés par la Banque d'Angleterre. Les particuliers remettaient ces chèques à leurs banques privées respectives qui faisaient effectuer les virements au profit des comptes de leurs clients. Ainsi les avances au gouvernement par la Banque d'Angleterre finissaient par grossir les comptes des particuliers dans les diverses banques. M. Rist donne les chiffres suivants quant à l'augmentation du solde actif des comptes courants dans les banques anglaises :

Fin 1913 : 1.032 millions livres.

Fin 1919 : 2.356 millions livres.

Or, pour faire face aux demandes d'argent liquide, les banques avaient besoin d'instruments de paiement. Elles en trouvèrent dans les currency-notes que le gouvernement mit en circulation au lendemain de l'ouverture des hostilités.

Les Currency-Notes

Les Currency-notes sont des billets d'Etat, émis par le gouvernement anglais durant la guerre, et indépendants des billets de la banque d'Angleterre. Quoique théoriquement convertibles en or, les currency-notes restèrent toujours un papier-monnaie fiduciaire, ayant cours légal. Notons que, dès le début, une somme de £ 28.500.000 en or fut affectée au remboursement des currency-notes, mais bientôt cette somme ne représentait plus qu'une infime partie de la circulation.

C'est grâce à la création par le gouvernement de ce papier-monnaie, que les banques purent à tout moment assurer le remboursement des dépôts de leurs clients.

On voit donc que l'inflation des crédits et la création des currency-notes se développèrent simultanément, l'existence des currency-notes rendant possible l'ouverture artificielle de crédits.

Nuls à la veille de la guerre, les currency-notes atteignaient en décembre 1918, 323,2 millions et en décembre 1919, 356 millions de livres sterling.

Les billets de banque

Notons que pendant la même période d'augmentation des crédits en banque et de création de currency-notes, les billets de banque en circulation, augmentaient également dans des proportions inusitées.

Nous avons dit que le 6 août 1914 l'application du Bank Act de 1844 était suspendue. Cependant la Banque d'Angleterre ne voulut pas profiter de la liberté qui lui était accordée et dès le 10 août 1914 elle se soumettait, à nouveau, aux règles étroites du Currency Principle. Si la circulation des billets de la banque d'Angleterre a passé de 29,6 millions de livres en décembre 1913 à 70,3 millions livres en décembre 1918, ceci est dû à l'accroissement encore plus considérable des réserves-or de l'Institut d'émission qui, de 35 millions de livres sterling passèrent à 79 millions, pendant la même période. Cette augmentation du stock-or de la Banque d'Angleterre, doit être attribuée au fait que durant la guerre la Banque Centrale a drainé à peu près tout l'or du pays.

En résumé, au lendemain de l'armistice, nous trouvons en Grande-Bretagne à côté d'un accroissement extraordinaire de crédits en banque la création de 324.000.000 £ de currency-notes.

Quelle fut la conséquence de ce pouvoir d'achat énorme mis à la disposition du public ? Ce fut une hausse générale des prix. En désignant par 100 la moyenne des prix d'avant-guerre, nous trouvons pour décembre 1918 une moyenne de 236. Cette hausse des prix s'accentua jusqu'aux premiers mois de 1920 pour atteindre 325 en mars 1920.

A côté de la baisse de son pouvoir d'achat, le cours du change de la livre sterling baissait également mais dans des proportions beaucoup plus bénignes. Voici les grandes lignes des variations du change britannique à partir de 1914. Favorable pendant les premiers mois des hostilités, le cours de la livre sterling se déprécie dès janvier 1915. Le dollar dont le pair envers le change anglais est de $ 4,8665, n'était plus coté à Londres en décembre 1915 que $ 4,52. En 1916, grâce aux crédits privés obtenus aux Etats-Unis et en 1917 grâce aux crédits officiels octroyés aux alliés par les Etats-Unis, à la suite de leur intervention aux côtés des alliés, la livre sterling se relève faiblement.

Après l'armistice, toute solidarité entre anciens alliés et associés ayant pris fin, le change anglais s'effondre. La livre sterling atteint son plus bas cours en février 1920 ne valant guère que $ 3,19. C'était une perte de 1/3 environ de sa valeur.

Ajoutons, pour avoir une vision à peu près complète des finances britanniques au lendemain du conflit mondial, que la dette publique anglaise qui, en 1913, était chiffrée à £ 710 millions, s'élevait en décembre 1918 à £ 7.482 millions. Elle a donc plus que décuplé.

§ 2. — *Le Comité Cunliffe et la politique monétaire du gouvernement*

Dès avant la fin des hostilités le gouvernement britannique se préoccupait déjà des graves conséquences que pouvait avoir sa politique monétaire, et des moyens qui s'imposaient pour y remédier. Dès janvier 1918 un Comité, présidé par Lord Cunliffe, le « Committee on currency and Foreign Exchanges », avait été formé dans le but d'étudier le problème monétaire anglais et d'établir un programme de réformes. Le 15 août 1918 le Comité Cunliffe publiait son premier rapport provisoire, dont les idées maîtresses furent reproduites dans le rapport définitif qui parut en décembre 1919.

La conclusion du Comité Cunliffe est que la Grande-Bretagne doit rétablir l'étalon-or de sa monnaie. Pour qu'on puisse y arriver, il faut en premier lieu supprimer toute inflation nouvelle et même toute éventualité d'inflation. Ceci ne pourra être assuré que par un budget en équilibre constant, par un superéquilibre budgétaire, qui, écartant toute nécessité d'inflation nouvelle, permettra l'amortissement graduel de la dette publique.

Etant donné la nature de l'inflation anglaise, sa cessation doit se traduire par une limitation des crédits accordés. Or, nous avons vu que les crédits, pour être remboursables, étaient conditionnés par l'existence de moyens de paiement fournis par les Currency-notes. Donc pour limiter le crédit, il suffirait de limiter la création des « Currency-notes ».

Nous savons que les currency-notes n'étaient gagés sur l'or que jusqu'à concurrence de £ 28.500.000, et que pour le surplus, ils étaient entièrement fiduciaires. Le rapport du comité Cunliffe propose qu'un chiffre maximum soit fixé aux currency-notes non gagés, et que toute création de tels billets au-dessus de ce maximum soit couverte par des billets de la Banque d'Angleterre. Comme ceux-ci, exception faite des £ 19.750.000 autorisés par l'Act de 1844, ne peuvent être créés qu'en contre-partie de l'or existant dans les caves de la Banque d'Angleterre, toute émission exagérée de Currency-notes, et partant toute inflation de crédits, sera définitivement écartée.

La Banque d'Angleterre ayant l'habitude de hausser le taux de son escompte, lorsqu'elle voit sa réserve de billets diminuer, le frein à la création de nouveaux crédits sera automatique.

En second lieu, le rapport Cunliffe ne se contente pas de proscrire toute inflation future ; il faut, ajoute-t-il, réduire les moyens de circulation existants. Toutefois, le rapport accepte qu'il n'est nullement indispensable de ramener le volume de la circulation à son niveau d'avant-guerre.

A quel chiffre faut-il ramener la circulation monétaire anglaise ? Le rapport ne le dit pas. Il suffit que la diminution de la circulation soit suffisante pour faire revenir le change anglais au pair. Lorsque la livre anglaise aura atteint sa parité métallique, il sera temps d'arrêter la déflation. Les currency-notes non couverts qui resteront à ce moment, pourront être remis en circulation sans danger ; ils constitueront un *résidu d'inflation.*

Le Comité Cunliffe estime que la Banque d'Angleterre doit avoir une forte réserve d'or, laquelle ne doit pas être inférieure à £ 150.000.000. C'est sur la base de ce chiffre que la déflation doit être entreprise.

Nul n'ignore qu'une politique de déflation adoptée par un pays entraîne des inconvénients de diverses sortes. Aussi le rapport Cunliffe conseille-t-il une déflation graduelle. Concernant la diminution des currency-notes fiduciaires en circulation, il propose d'adopter le système suivant. La moyenne de la circulation des currency-notes pendant une année doit être considérée comme un maximum infranchissable pour la circulation de l'année suivante.

Le Comité Cunliffe s'est rendu compte que le système qu'il conseillait n'était pas suffisamment souple et qu'il aurait pu, suivant la situation des affaires, gêner considérablement l'essor économique du pays ; aussi propose-t-il, au cas où la diminution des currency-notes est de nature à provoquer une gêne, que la Banque d'Angleterre profite de la liberté que lui accorde le « Currency and Bank-Notes Act » de 1914 et d'émettre, d'accord avec la Trésorerie, une quantité de billets de banque fiduciaires même au-dessus du chiffre fixé par l'Acte de 1844.

Si nous essayons de résumer le rapport du Comité Cunliffe voici les idées principales que nous y trouvons : retour à l'étalon-or, super-équilibre budgétaire, amortissement de la dette, diminution des crédits accordés, par une politique appropriée du taux de l'escompte, déflation graduelle des currency-notes et le cas échéant, création de billets de banque fiduciaires.

Le gouvernement anglais accepta le programme du comité Cunliffe et dès que les circonstances le permirent il fit application de ses recommandations.

Par une politique fiscale énergique, et par une compression des dépenses, le gouvernement réalisa à partir de 1920 des plus-values budgétaires considérables. Le budget de 1919 s'était soldé par un déficit de 326,2 millions de livres sterling. Ceux des années 1920, 1921, 1922 et 1923 accusèrent des excédents de £ 230,6 millions, £ 45,7 millions, £ 101,5 millions et £ 48,4 millions respectivement.

Grâce à ces excédents budgétaires, le gouvernement anglais parvint à amortir une partie de sa dette et surtout à convertir la moitié de sa dette flottante.

En même temps, se conformant aux conclusions du rapport Cunliffe, le gouvernement adoptait une politique de restriction du crédit. En novembre 1919 le taux de l'escompte de la Banque d'Angleterre était porté à 6 0/0 et en avril 1920 il fut élevé à 7 0/0 pour y être main tenu jusqu'en 1921. Cette politique de « dear-money » eut pour conséquence une diminution des dépôts en banque.

D'autre part, concernant l'émission des currency-notes, le gouvernement se conforma aux prescriptions du Comité Cunliffe. Le 16 août 1919 une émission de £ 250.000 de currency-notes fut accompagnée d'une couverture de billets de la Banque d'Angleterre.

Le 1er janvier 1920 le nombre des currency-notes couverts par des billets de banque atteignait £ 4 millions. Notons en outre que le nombre total des currency-notes en circulation diminuait progressivement durant les années 1921-1922.

En décembre 1920, le total des currency-notes en circulation était de £ 367,6 millions ; au 31 décembre 1921 ce chiffre était de £ 325.600.000. En décembre 1922 la circulation des currency-notes tombait à £ 295.400.000 et depuis lors leur nombre oscilla autour de £ 290 millions.

Cette diminution des currency-notes est parfaitement logique si l'on considère la diminution des disponibilités en banque qui accompagna la politique restrictive de crédit, inaugurée à partir de novembre 1919.

Pendant les mêmes années, la Banque d'Angleterre se constituait d'importantes réserves-or. En décembre 1919 'encaisse-or de la banque s'élevait à : £ 91.000.000. Pendant les années qui suivirent, cette encaisse fut portée à £ 128.000.000. Si, à ce chiffre on ajoute les £ 28.500.000 en or qui furent affectées dès 1915 à la garantie des currency-notes, on trouve une réserve-or totale de £ 156.500.000 de beaucoup supérieure à la réserve de £ 150.000.000 préconisée par le Comité Cunliffe.

Ainsi, durant les années 1921 et 1923 nous voyons se dessiner en Angleterre un mouvement de déflation ; déflation des crédits d'une part, déflation des currency-notes d'autre part. Cette déflation est accompagnée d'une baisse générale des prix et d'une hausse du change anglais.

L'indice général des prix qui avait atteint 325 en mars 1920, était revenu à 250 en janvier 1921 pour n'être plus que de 190 en juillet 1921 et 170 en janvier 1922.

D'un autre côté la livre sterling qui ne valait en février 1920 que $ 3,19 revenait vers le pair métallique. Malgré les balances commerciales défavorables la livre sterling valait en décembre 1921 $ 4,65 et en janvier 1923 $ 4,71 (le pair du dollar envers la livre sterling étant de 4,8665).

Faut-il voir dans la politique de déflation suivie par le gouvernement britannique la cause de la baisse des prix et de la hausse du change anglais ? Nous ne le pensons pas.

Monsieur Ch. Rist dans son ouvrage *La déflation en pratique* a démontré que la déflation en Angleterre n'a pas été la conséquence de la politique monétaire du gouvernement, mais qu'elle fut la conséquence de la grande crise économique qui s'abattit sur le monde entier à partir du milieu de 1920 provoquant l'effondrement des prix. La déflation en Angleterre fut non provoquée mais spontanée. Au lieu d'avoir été la cause de la baisse des prix, elle en fut la conséquence.

Quant à la hausse du cours de la livre sterling pendant les années 1921, 1922 on ne saurait en trouver la cause dans le mouvement de déflation. La hausse du change anglais est due en premier lieu à la réalisation de l'équilibre budgétaire qui écarta toute éventualité d'inflation nouvelle, et rétablit ainsi le prestige international de la livre sterling que la guerre lui avait momentanément ravi. Le remboursement d'une partie de la dette et surtout la consolidation de la dette flottante anglaise contribuèrent également à raffermir la confiance envers le change anglais.

§ 3. — *Le Comité Bradbury*

Au début de 1923, la situation en Angleterre paraissait mûre pour le rétablissement de l'étalon-or. Les conditions exigées par le rapport du Comité Cunliffe étaient à peu près toutes réalisées.

La situation budgétaire accusait chaque année un excédent constant de recettes.

Une politique de remboursements de la dette avait été entreprise. Le cours de la livre sterling côtoyait la parité métallique. Enfin le volume de la circulation monétaire était sensiblement réduit, tandis que les réserves-or de l'Institut d'émission dépassaient 150 millions de livres sterling.

Toutefois, l'étalon-or ne fut rétabli que deux ans plus tard, car de graves événements survinrent en Angleterre pendant l'année 1923. Dès mars 1923 on vit le cours du change anglais fléchir. En septembre le cours de la livre sterling était tombé à $ 4,51 et en janvier 1924 elle ne valait guère plus de $ 4,20.

Certains ont accusé le gouvernement travailliste d'avoir, par une politique maladroite, provoqué cette nouvelle crise du change anglais, en faisant fuir à l'étranger les capitaux investis en Grande-Bretagne. Ce reproche nous paraît immérité. Le gouvernement Mac Donald n'est arrivé au pouvoir que le 6 décembre 1923, et nous avons vu que la baisse du change anglais commença en mars 1923. Le seul grief qu'on puisse faire au gouvernement travailliste c'est de n'avoir pas su arrêter l'exode des capitaux, et de l'avoir même aggravée en faisant courir des rumeurs d'imposition sur le capital.

La vraie raison de la fuite des capitaux aux Etats-Unis, était le taux de l'intérêt plus rémunérateur qu'on trouvait à New-York qu'à Londres. Les capitaux flottants qui en 1920 et 1921 étaient venus profiter du taux élevé de l'intérêt en Angleterre prenaient maintenant le chemin de l'Amérique, car le taux de l'escompte aux Etats-Unis était devenu plus avantageux que celui de Londres.

Le 10 juin 1924 le gouvernement travailliste désigna pour s'occuper de la circulation monétaire, un Comité d'experts dit Comité Bradbury du nom de son président. Le rapport de ce Comité fut remis à la Trésorerie le 5 février 1925 et publié en avril 1925.

Le rapport Bradbury adopte les vues du Comité Cunliffe concernant le retour de l'Angleterre à l'étalon-or. Il déconseille énergiquement toute vélléité de dévalorisation de la livre sterling, et recommande, dès que les circonstances le permettront, de revenir à l'étalon-or, avec une libre circulation interne et externe de l'or.

Il recommande que l'Acte de 1920 qui interdisait l'exportation de l'or et qui prenait fin le 31 décembre 1925 ne soit plus prorogé, et que d'ici là, le gouvernement accorde une licence générale d'exportation de l'or à la Banque d'Angleterre.

Le Comité Bradbury estime qu'il serait tout à fait inutile d'établir à l'intérieur du pays une circulation monétaire métallique.

§ 4. — *Le Gold Standard Act*

Le gouvernement britannique suivit, presque à la lettre, les recommandations du Comité Bradbury. Notons, cependant, que sa tâche a été considérablement facilitée par le redressement du cours de la livre sterling qui, en janvier 1925, cotait $ 4,80. Cette hausse du change anglais doit être attribuée à un nouvel afflux de capitaux en Angleterre qui semble être partiellement dû à la chute du Ministère Mac Donald.

Les capitalistes qui, en 1924, avaient envoyé leur fortune aux Etats-Unis, rassurés par le retour d'un Ministère conservateur rappatriaient leurs capitaux en Angleterre.

D'autre part, le retour prochain de la devise anglaise au pair métallique d'avant-guerre, provoqua un mouvement de spéculation en faveur de la livre sterling, auprès des capitalistes étrangers, et en particulier américains. En convertissant leurs dollars au taux de $ 4,50 pour une livre sterling, les spéculateurs étaient certains, une fois la réforme opérée, de retirer4, $ 867 de chaque livre possédée, soit une prime certaine de $ 0,367 par livre sterling.

Conformément aux recommandations du Comité Bradbury, le gouvernement anglais ne renouvela pas le « Gold and Silver Export Control Act de 1920 » qui interdisait l'exportation des métaux précieux jusqu'au 31 décembre 1925. Bien plus, à partir du 28 avril 1925 une licence générale d'exportation de l'or fut accordée à la Banque d'Angleterre, celle-ci pouvant désormais exporter de l'or, pour le compte de n'importe quelle personne qui lui en faisait la demande.

Enfin, le 28 avril 1925, Lord Churchill, Chancelier de l'Echiquier, annonça à la Chambre des communes le retour de l'Angleterre à l'étalon-or et à cet effet soumettait au Parlement un projet de loi qui, voté par les deux Chambres, devint le 13 mai 1925, le *Gold Standard Act* de 1925.

Avant d'analyser le contenu de cet Acte, nous croyons opportun d'exposer en peu de mots la situation financière de l'Angleterre au 28 avril 1925.

Les réserves-or de la Banque d'Angleterre, en y joignant les £ 27 millions (1) détenus par le currency-notes

(1) La couverture métallique des Currency Notes avait diminué en 1922 de £ 28.500.000 à £ 27.000.000.

department, s'élevaient à 153 millions de livres sterling. Nous avons, d'autre part, relaté la diminution du nombre de currency-notes dont la moyenne se maintenait au-dessous de £ 300.000.000.

A la même époque, c'est-à-dire en avril 1925, le Trésor anglais avait accumulé une somme de $ 166 millions, pour parer aux échéances de juin et de décembre, de la dette due aux Etats-Unis.

D'autre part, la Federal Reserve Board des Etats-Unis, avait ouvert à la Banque d'Angleterre un crédit permanent de 200 millions de dollars tandis que MM. J.-P. Morgan et Cie offraient au Trésor britannique un crédit de 100 millions de dollars. Il semble bien que les dirigeants de la politique anglaise n'aient jamais songé à utiliser les300 $ millions de crédit ainsi obtenus. Leur intention a été, d'intimider les spéculateurs éventuels à la baisse du change anglais, en leur montrant les réserves formidables contre lesquelles ils auraient eu à lutter, s'ils essayaient d'ébranler la parité d'or du change britannique.

On voit donc que le Gouvernement anglais avait minutieusement préparé un terrain favorable à la Réforme monétaire, avant de présenter aux Communes le projet de loi rétablissant l'étalon-or en Angleterre.

Il est bizarre de constater que le « Gold Standard Act » qui rétablit l'étalon-or en Angleterre, commence par suspendre la convertibilité en or des billets de banque d'Angleterre aussi bien que des currency-notes. On se rappelle que, en théorie, la convertibilité de ces deux sortes de billets, n'avait jamais été officiellement suspendue en

Angleterre, mais qu'en fait ils n'étaient pas plus convertibles en métal jaune que le papier-monnaie de n'importe quel pays du continent.

Désormais, les billets de banque d'Angleterre, ainsi que les currency-notes, ne sont plus convertibles en or, mais ne cessent pas pour cela d'avoir cours légal en Angleterre.

En même temps la frappe libre de l'or est suspendue, et seule la Banque d'Angleterre a le droit de présenter à la Monnaie des lingots d'or, afin d'être transformés en pièces métalliques.

Enfin, et c'est la disposition fondamentale du « Gold Standard Act », la Banque d'Angleterre est tenue de vendre à quiconque lui en fait la demande des lingots d'or, sous forme de barres contenant approximativement 400 onces troy d'or fin, au prix de 3 livres 17 shillings, et 10,5 pence par once troy d'or, au degré de fin prescrit pour les espèces d'or. C'est exactement la parité d'avant-guerre.

Ainsi la réforme monétaire de 1925 rétablit en Angleterre, non pas le Gold Standard, mais la variante du Gold Exchange Standard que nous avons qualifié le Gold Bullion Standard. La circulation interne reste toujours fiduciaire ; l'or n'intervenant que pour les règlements extérieurs. L'effet de l'adoption du Gold Bullion Standard sur le cours du change est aussi radical que l'instauration du Gold Standard. En effet, tant que la Banque d'Angleterre sera en mesure de livrer des lingots d'or au prix de 3 livres 17 shillings et 10,5 pence l'once troy, le cours du change anglais se maintiendra autour du niveau de la parité métallique. Ajoutons que les demandes de lingots d'or, à la Banque d'Angleterre, ne seront jamais excessives car seules les personnes disposant de plus de £ 1.500 ont le droit d'obtenir du métal précieux.

Pour compléter notre bref exposé de la réforme monétaire anglaise, il ne nous reste plus qu'à parler du Currency Bill du 25 mai 1928, qui modifie tout en les assouplissant, les règles de 1844, concernant l'émission des billets de banque d'Angleterre et qui assure la fusion, conseillée par le Comité Cunliffe, des billets de la Banque d'Angleterre et des currency-notes.

Voici les dispositions les plus importantes du Currency Bill du 25 mai 1928.

La Banque d'Angleterre peut émettre des billets de banque, en contre-partie de son encaisse-or. En plus elle peut émettre des billets de banque, constituant la circulation fiduciaire, jusqu'à concurrence de £ 260.000.000. Cette circulation fiduciaire est garantie par une encaisse d'argent en lingots s'élevant à £ 5.500.000, par la dette de l'Etat envers la Banque d'Angleterre, par des fonds d'Etat, dont la plupart proviennent de la garantie qui était affectée aux currency-notes, et enfin par des valeurs diverses comme par exemple des effets de commerce bancables.

La fusion des billets de banque et de currency-notes fut effectivement réalisée le 23 novembre 1928. Ainsi la Banque d'Angleterre rentra en possession du monopole d'émission qui lui était reconnu avant la guerre, et qui lui avait été ravi par l'apparition des currency-notes.

Avant de terminer notre chapitre consacré à la réforme monétaire anglaise nous essaierons d'émettre notre appréciation générale sur cette réforme.

Au point de vue strictement monétaire, le retour à l'étalon-or fut couronné de succès. En effet, depuis plus de cinq ans et malgré les graves difficultés contre lesquelles eut à lutter le gouvernement anglais, la Banque d'Angleterre parvint à fournir de l'or conformément aux prescriptions de l'Acte de 1925. De ce chef le cours de la livre sterling, pendant cette période, fit preuve d'une enviable stabilité.

Au point de vue économique, les résultats de la politique monétaire, n'ont peut-être pas été aussi brillants. Depuis plusieurs années, l'Angleterre souffre d'un malaise économique, qui ne semble pas être près de sa fin. Comparées à celles de 1913, les exportations de la Grande-Bretagne sont en diminution, la balance commerciale est constamment en déficit, tandis que la balance des comptes parvient difficilement à s'équilibrer. L'industrie anglaise se trouve également dans une situation très difficile, et la production anglaise est en train de diminuer. Il en résulte une augmentation inquiétante du nombre des chômeurs qui à l'heure actuelle dépassent deux millions. Le gouvernement anglais s'étant engagé à allouer des indemnités de chômage aux ouvriers sans travail voit son fardeau devenir intolérablement lourd.

Certains voient la source de ce malaise économique dans la réforme monétaire. Ils pensent que si la Grande-Bretagne avait dévalorisé sa monnaie, elle aurait été en mesure de lutter efficacement sur les marchés internationaux contre la concurrence étrangère. Ses exportations seraient plus importantes et son industrie devenant plus active utiliserait bien des chômeurs.

Nous ne saurions partager une telle opinion. Le retour au pair d'avant-guerre de la monnaie anglaise, a peut-être aggravé le mal dont souffre la Grande-Bretagne, mais il n'en a certainement pas été la cause.

Les vraies causes du malaise britannique sont beaucoup plus complexes. Il faut les rechercher dans l'épuisement partiel des mines de houille, dans la main-d'œuvre trop onéreuse qu'emploie l'industrie de la Grande-Bretagne, dans son outillage suranné qui fait que les produits anglais sont trop coûteux et ne peuvent pas être écoulés à l'étranger. Ajoutons enfin que le monde entier, appauvri par la guerre est un client beaucoup moins opulent pour l'Angleterre qu'il ne l'était avant la guerre, et qu'en outre, certains débouchés de l'industrie anglaise, comme la Russie, ont complètement disparu et que presque tous les autres en s'entourant de fortes barrières douanières rendent l'importation des marchandises anglaises très difficile.

On voit bien que dans cette rapide énumération des causes du malaise britannique, le retour à l'étalon-or est complètement étranger. Il n'est pas exagéré de dire que la réforme monétaire anglaise, en rendant à l'Angleterre sa situation privilégiée de banquier du monde, lui procure des ressources qui lui permettront de lutter victorieusement contre les difficultés présentes.

Concluons donc que la réforme monétaire anglaise,

loin d'avoir compromis la situation économique de la Grande-Bretagne, sera un des facteurs qui assureront sa prospérité future.

CHAPITRE III

La Réforme monétaire en France

—

§ 1er. — *Le système monétaire français d'avant-guerre*

Le système monétaire de la France jusqu'à la grande guerre était basé sur la loi du 17 germinal an XI (28 mars 1803) aux termes de laquelle le *franc*, unité monétaire française, doit contenir cinq grammes d'argent au titre de 9/10 de fin. Bien que l'argent soit considéré comme le métal-étalon de la France, la loi de germinal an XI prévoit également la circulation de pièces d'or, et fixe un rapport légal entre la valeur de l'or et de l'argent de 15,5. Il en résulte que le franc doit contenir 0 gr. 32258 d'or au titre de 9/10 soit 0 gr. 290322 d'or fin.

La frappe des pièces d'or et d'argent est libre, mais l'Etat se réserve le monopole de la fabrication des monnaies.

Les pièces d'or et d'argent ayant pouvoir libératoire illimité, la France était au régime du « bimétallisme » complet. Depuis 1865, la France faisait partie de l'Union monétaire latine, et on sait à la suite de quels événements elle suspendit en 1876 la frappe libre des pièces d'argent. Depuis cette date, la France vivait sous le régime qu'on a appelé le « bimétallisme boiteux », car les pièces d'argent quoique n'étant plus librement frappées, conservaient leur pouvoir libératoire illimité.

A côté de la circulation métallique, une circulation de billets de banque était prévue. Par la loi du 24 germinal an XI (14 avril 1803) la Banque de France reçut le privilège exclusif d'émettre des billets. Les billets de banque pouvaient être assimilés aux pièces métalliques, car la Banque de France était obligée de remettre contre ses billets des pièces métalliques à quiconque se présentait à ses guichets et en faisait la demande. A deux reprises, au cours du XIXe siècle, en 1848 et en 1870, la Banque de France fut dispensée de l'obligation de rembourser en métal précieux les porteurs de ses billets. Les billets de banque reçurent le cours forcé, et nonobstant leur inconvertibilité acquirent pouvoir libératoire illimité.

La loi du 24 germinal an XI ainsi que les lois qui la complètent fixèrent les règles suivantes quant à l'émission des billets de banque.

La Banque de France peut émettre des billets jusqu'à concurrence d'un maximum qui est déterminé par la loi. En juillet 1914 ce maximum avait été fixé à 6.800 millions de francs. La loi ne fixe aucun rapport entre l'émission des billets et l'encaisse-or de la Banque. C'est un système qui n'est pas sans inconvénients car par une réduction excessive de ses réserves-or, l'Institut d'émission peut complètement supprimer la garantie des billets en circulation. Notons, toutefois, que la Banque de France jusqu'à la grande guerre eut la sagesse de ne pas abuser de la liberté que lui concédait la loi.

En contre-partie de son privilège d'émission, la Banque de France est tenue de rendre certains services à l'Etat et au public français. Notons une avance permanente de 200 millions de francs sans intérêt qu'elle doit fournir à l'Etat. Notons également les avances nouvelles de la Banque de France à l'Etat dont le montant a varié au cours du XIXe siècle. Nous verrons dans les pages qui vont suivre que les avances nouvelles de la Banque de France furent une des grandes ressources qui après 1914 permirent à l'État de financer la guerre, et que c'est sous la forme de ces avances que se développa l'inflation en France.

§ 2. — *Aperçu de l'histoire monétaire de la France de 1914 à juillet 1926*

La loi du 5 août 1914, établissait en France le cours forcé qui devait durer près de quatorze ans. En même temps le maximum de la circulation des billets de banque était porté de 6.800 millions à 12 milliards, ce qui permettait à la Banque de France de faire de nouvelles avances au Trésor.

Les avances de la Banque de France à l'État, furent, nous le répétons, la forme qu'emprunta l'inflation en France. Pour pouvoir faire ces avances, la Banque de France devait obtenir la fixation par la loi d'un maximum de la circulation des billets de banque de plus en plus élevé. Etant donné que le salut du pays en dépendait, les Chambres opposaient la plus molle résistance à l'augmentation de la circulation fiduciaire. C'est ainsi que le « plafond » de l'émission des billets de banque fut progressivement porté à 58.500 millions en juillet 1926 en passant par les chiffres suivants :

29 décembre 1911.	6.800 millions
5 août 1914.	12.000 millions
5 septembre 1918.	33.000 millions
28 septembre 1920.	41.000 millions
4 décembre 1925.	58.500 millions

En même temps le volume de la circulation effective des billets de banque, accusait un accroissement analogue.

Au 22 juillet 1926 la circulation était de 55.006 millions de francs et huit jours plus tard, le 29 juillet 1926, elle augmentait de plus d'un milliard, pour atteindre 56.022 millions. Le montant maximum de la circulation fut atteint le 5 août 1926 avec le chiffre de 57.258 millions de francs.

Quelles étaient les raisons qui provoquaient cette augmentation du volume de la circulation monétaire ? C'étaient les avances que l'État à bout de ressources se voyait forcé de solliciter de la Banque de France. De cette façon, jusqu'en juillet 1926, l'État avait emprunté à la Banque de France pour plus de 38 milliards de francs.

Au début de la guerre une loi approuvait la convention passée en 1911 entre le Ministre des finances et le Gouverneur de la Banque de France et qui autorisait une avance de 2.900 millions de francs. Des conventions ultérieures relevèrent le maximum des avances à 6 milliards en décembre 1914, 12 milliards en février 1917,

21 milliards en juin 1918, 27 milliards en avril 1919. Enfin la convention du 7 décembre 1925 autorisait un maximum d'avances à l'Etat de 38.500 millions de francs.

Il était bien entendu, que les ressources, obtenues par l'État au moyen d'avances, devraient, lorsque les circonstances le permettraient, être remboursées à la Banque de France. Au lendemain de la guerre le remboursement à la Banque de plus de 25 milliards d'avances ne semblait pas chose aisée. Toutefois, l'État ne perdait pas courage, et aux termes de la loi du 22 avril 1920 et des conventions passées entre le Ministre des finances et le Gouverneur de la Banque de France, en date du 14 avril et du 29 décembre 1920, il était convenu que l'État rembourserait chaque année à la Banque une somme de 2 milliards de francs, jusqu'à extinction complète de sa dette.

Pendant les années 1921 et 1922, l'État exécuta partiellement son engagement, mais dès 1923 les circonstances l'obligèrent d'interrompre tout remboursement et de demander de nouvelles avances à la Banque de France.

Remarquons avec M. Rist, que la déflation réduite qui a été opérée en France durant les années 1921 et 1922, résultait, non pas de la ferme volonté de l'État de se libérer de sa dette, mais du ralentissement général des affaires qui suivit la grande crise de 1920. Le ralentissement des affaires provoquait une augmentation des disponibilités liquides entre les mains du public, qui, cherchant un emploi rémunérateur de son argent, en trouvait dans l'achat de Bons de la Défense nationale. Grâce aux ressources ainsi obtenues par le placement de ses Bons, le Trésor pouvait se passer des avances de la Banque de France ; bien plus, il s'offrit le luxe de lui rembourser une partie de sa dette.

Cet état de choses ne dura pas longtemps et dès 1923, l'État était obligé de solliciter de nouvelles avances à la Banque.

Les billets de banque que l'État obtenait par voie d'avances, étaient immédiatement dépensés pour l'acquisition de fournitures de guerre ou pour subvenir à d'autres besoins qui résultaient des hostilités. Ainsi, en fin de compte, toute la circulation artificielle créée par la Banque de France passait aux mains des particuliers. Quelle fut la conséquence de ce pouvoir d'achat formidable mis à la disposition du public ? Ce fut une hausse générale des prix, bien au delà de celle qu'eut motivé la diminution des approvisionnements, qui résultait de l'état de guerre.

En désignant par 100 l'indice général des prix de gros pour l'année 1913, nous constatons qu'en octobre 1918 l'indice avait atteint 360 (1). En mai 1919 l'indice des prix est de 325 pour atteindre un premier maximum de 588 en avril 1920. A partir de l'été 1920 les prix se mettent à baisser comme conséquence de la crise économique. En février 1922, l'indice des prix avait atteint son minimum avec 306, pour reprendre aussitôt sa marche

(1) Ces chiffres sont empruntés à la Statistique Générale de la France.

ascendante. En février 1924 nous trouvons les prix à 544 ; après un léger fléchissement des prix, dû à l'amélioration du cours du change français, les prix se remettent à monter et atteignent à la fin de juillet 1926 l'indice alarmant de 937. Il serait faux d'attribuer les variations des prix en France, pendant cette période, uniquement aux variations du volume de la circulation. Lorsque l'on compare attentivement les chiffres, on constate que pendant les années qui suivirent la guerre, le niveau général des prix variait très souvent à la suite des fluctuations du change, indépendamment du volume de la circulation monétaire.

Durant toute la guerre, le change français se maintint remarquablement élevé, malgré une hausse générale des prix et une balance commerciale exagérément déficitaire. Pendant toute la durée des hostilités, le cours du franc ne s'écarta guère de sa parité métallique. En janvier 1919, le dollar (dont le pair est de 5 fr. 18) était coté à Paris 5 fr. 45. En désignant par 100 le pair du dollar, nous avons pour janvier 1919 à peine 105. On trouve l'explication de cette résistance du cours de la devise française, dans les crédits que, pendant la guerre, les alliés et associés de la France, lui offrirent très généreusement.

Malheureusement, cette solidarité entre alliés ne devait pas durer longtemps et dès mars 1919, le change du franc refléta les effets néfastes de cette situation. Pendant tous les mois qui suivirent mars 1919, le cours du dollar à Paris s'élevait de plus en plus. En avril 1920, le dollar atteignait un cours maximum de 17 francs soit, comparé à la parité d'avant-guerre, 329.

Pendant les derniers mois de l'année 1921 nous constatons une amélioration du cours du franc. En avril 1922 le dollar ne vaut à Paris que 10 fr. 75 ; son cours a donc baissé à 207. Cette hausse du change français paraît, à première vue, inexplicable puisque les conditions économiques de la France pendant cette période ne s'étaient guère améliorées, aussi faut-il chercher la cause de ce revirement dans la spéculation internationale. Depuis la fin de 1920, les capitaux flottants en quête d'un emploi rémunérateur affluaient vers la France, car on escomptait à cause de la victoire une hausse prochaine de la devise française. Le résultat immédiat de cet afflux massif de capitaux, fut la hausse du change français. On voit donc que la spéculation internationale, quoi qu'en ait publié la grande presse, ne s'est pas toujours exercée à l'encontre des intérêts français.

Cependant, le retour au pair du cours du franc ne se réalisait pas ; les capitalistes perdant de plus en plus espoir, retiraient leur argent de France ; la spéculation alors changea de position ; escomptant pour l'avenir un effondrement du change français, elle se mit à jouer à la baisse du franc. Il en résulta une hausse continue du cours du dollar, à partir d'avril 1922. Pendant les premiers mois de 1924, le cours du dollar avait dépassé tous les maxima antérieurs ; en février 1924 il oscillait entre 22 et 24 fr. Vainement le taux de l'escompte fut porté de 5 1/2 à 6 0/0.

C'est alors que le gouvernement français chargea

la Banque de France d'intervenir dans le marché des changes et de mettre un terme à la baisse du franc. La Banque disposait à cet effet des ressources procurées par un emprunt Morgan de 100 millions de dollars.

L'intervention vigoureuse de la Banque de France en jugulant la spéculation contre le franc, fut couronnée de succès. Le cours du dollar qui, le 11 mars 1924, avait atteint 27 fr. 20 soit 525 par rapport à 1913, baissa rapidement pendant la seconde moitié de mars, et les mois qui suivirent.

Durant le second semestre de 1924 et pendant les premiers mois de 1925, la cote du dollar oscilla entre 18 et 20 francs. Mais à partir de juin 1925, le cours du dollar reprit de nouveau son mouvement de hausse. Aux premiers jours de 1926, il avait dépassé 26 francs et la situation menaçait de s'aggraver.

Le gouvernement s'émut de cet état de choses et institua par décret du 31 mai 1926, un Comité d'experts afin d'être éclairé sur les mesures qu'il convenait de prendre. Le Comité des experts présidé par M. *Sergent*, ancien Sous-gouverneur de la Banque de France, comptait parmi ses membres entre autres personnalités éminentes, M. E. *Picard*, alors premier sous-gouverneur de la Banque de France, M. *Moreau*, nommé depuis Gouverneur de la Banque de France; enfin MM. G. *Jèze* et *Ch. Rist*, deux de nos savants maîtres à la Faculté de droit dont la compétence en matière financière est trop universellement connue pour que nous soyons obligés d'y insister.

Le Comité des experts siégea pendant tout le mois de

juin et déposa son rapport le 3 juillet 1926. Voici quelles étaient ses principales dispositions.

Le Comité des experts, pensant que les difficultés financières de la France avaient pour origine l'instabilité monétaire, préconisait la stabilisation sans délai de l'unité monétaire française.

L'organisme qui devait être chargé d'exécuter cette opération était la Banque de France. Le rapport des experts se rendait compte que, vu les circonstances dans lesquelles se trouvait la France, il ne pouvait être question de revaloriser le franc à son pair d'avant-guerre.

Le Comité des experts ne s'est pas clairement exprimé quant au taux auquel la stabilisation du franc devrait être opérée ; il semble bien cependant que dans l'esprit des membres du Comité, ce taux devrait être voisin de 175 francs pour une livre sterling, ou bien 35 francs pour un dollar.

Certaines conditions indispensables devraient être réalisées avant toute tentative de stabilisation : équilibre de la balance des comptes, équilibre budgétaire (réalisé par une augmentation des impôts et une compression des dépenses), équilibre de la trésorerie. Enfin, l'Institut d'émission devrait avoir une forte encaisse métallique afin de gager la circulation des billets ; enfin pour mener à bien la stabilisation, la Banque de France devrait faire appel aux crédits extérieurs. Or, l'Angleterre et les Etats-Unis avaient formellement informé les représentants de la France, qu'ils n'accorderaient plus de nouveaux crédits à la France, si les accords conclus pour le règlement des dettes interalliées n'étaient pas ratifiés (accords

Mellon-Béranger, avec les Etats-Unis, et Caillaux-Churchill avec l'Angleterre). Aussi le Comité des experts proposait-il la ratification immédiate des accords sur les dettes interalliées.

Le gouvernement français adopta dans ses grandes lignes, le rapport des experts, et il demanda aux Chambres les pleins pouvoirs nécessaires pour mettre en application les conclusions.

Les Chambres refusèrent au gouvernement les pleins pouvoirs qui leur étaient demandés.

Il est facile d'expliquer les raisons qui dictèrent cette attitude aux chambres. En premier lieu la perspective d'une stabilisation aux environs de 175 francs la livre sterling, paraissait trop décourageante. D'autre part, le recours à de nouveaux crédits extérieurs faisait craindre une trop grande dépendance de la France envers l'étranger. Enfin, et surtout, la ratification des accords réglementant les dettes interalliées, était tout à fait impopulaire.

Le rejet par les Chambres des conclusions des experts produisit une impression très désagréable tant en France qu'à l'étranger ; on s'imaginait volontiers, que le gouvernement français avait décidé de se désintéresser complètement du cours du change ; et qu'il chercherait désormais ses ressources uniquement dans l'émission inconsidérée de billets de banque. La méfiance générale envers le franc déclencha en France une des crises monétaires les plus graves qu'ait jamais connues le pays. En quelques jours le dollar qui, en juin était coté aux environs de 35 fr. atteignait à Paris le cours de 50 fr., tandis que la livre sterling était cotée le 20 juillet 1926, 240 fr. 25. L'indice du change français avait donc atteint par rapport au pair d'avant-guerre, 965.

Pendant ce temps, les demandes de remboursement des Bons de la Défense Nationale surpassaient de beaucoup les souscriptions, ce qui obligeait le Trésor de prélever des billets sur son compte à la Banque de France ; de sorte que le 21 juillet 1926, la marge dont disposait l'État était réduite à 150 millions seulement.

Telle était la situation qui semblait désespérée, lorsque le Gouvernement d'Union Nationale arriva au pouvoir.

§ 3. — *La période de juillet 1926 au 25 juin 1928*

La chute verticale du franc pendant les derniers jours de juillet 1926 était due à des facteurs uniquement psychologiques ; on peut en voir la preuve dans le redressement non moins brusque du franc, qui suivit la constitution du Ministère d'Union Nationale. Avant que le Ministère Poincaré n'ait fait connaître son programme, avant qu'il n'ait pris des mesures pour enrayer la hausse des changes étrangers, le cours du franc se mit à monter. Le 29 juillet 1926 la livre sterling qui une semaine auparavant avait atteint le cours-record de 240 fr. 25, ne cotait plus que 190 francs. Le 7 août 1926 son cours était tombé à 162 francs.

Pendant les trois premières semaines de juillet, une méfiance extrême régnait à l'encontre du franc. Tout le monde cherchait à réaliser ses francs. Ceux qui ne possédaient que des effets de commerce, les faisaient escompter à la hâte à la Banque de France, en vue de réaliser l'argent liquide qu'ils recevaient. Cette demande exagérée de francs à la Banque de France, se continua même après le revirement qui se produisit en faveur de la devise française. Ceux qui demandaient alors des francs, avaient l'intention de les conserver afin de profiter de la hausse du change français. C'est pour mettre un frein à cette demande excessive de francs que le taux de l'escompte de la Banque de France fut porté de 6 pour cent à 7 1/2 pour cent le 31 juillet 1926, et qu'il y fut maintenu jusqu'au 16 décembre 1926.

Le redressement inespéré du cours du franc pendant les tout derniers jours de juillet 1926 facilita considérablement l'œuvre du nouveau ministère qui arrivait au pouvoir. Le mérite du Ministère d'Union Nationale fut de justifier pleinement le retour de confiance, par les sages mesures qui ont été prises au début d'août 1926.

Notons, dès maintenant, que la plupart de ces mesures s'inspiraient du rapport présenté par le Comité des experts au début de juillet. Une seule mesure conseillée par le Comité des experts ne fut pas appliquée ; ce fut l'obtention de crédits extérieurs, auxquels la Banque de France n'eut pas à recourir grâce à l'amélioration du change français, et à l'attitude nouvelle adoptée par la spéculation.

Le ministère Poincaré s'occupa en premier lieu de l'équilibre budgétaire. Grâce à l'aménagement intelligent et à la création de nouveaux impôts, l'équilibre du budget fut atteint, et une marge suffisante était réalisée pour assurer l'amortissement graduel de la dette publique.

La loi du 7 août 1926 et la loi constitutionnelle du 10 août 1926 prévoyaient la création d'une « caisse autonome de gestion des Bons de la Défense Nationale, et d'amortissement de la dette publique » à garantie constitutionnelle.

Cette Caisse était chargée de gérer les Bons de la Défense Nationale et de pourvoir à l'amortissement de la dette publique en général. Elle obtenait à cet effet des ressources propres, très importantes, entre autres les recettes provenant des tabacs. Remarquons qu'au point de vue strictement matériel la création d'une Caisse de gestion ne servait à rien, puisque le fait de sa création ne procurait aucune ressource nouvelle à l'État. Au point de vue moral cependant l'effet de sa création fut immense. L'entrée en fonctions de la Caisse autonome à partir du 1er octobre 1926, accentua le mouvement de confiance dont jouissait le Trésor français depuis août 1926. C'est grâce à cette situation et à la rentrée régulière des impôts que des séries de conversions et de consolidations de la dette flottante furent opérées, qui rendirent désormais très aisé le service de la dette publique.

Enfin le ministère d'Union Nationale prit des mesures d'ordre monétaire et nous arrivons ainsi au sujet qui nous intéresse particulièrement. L'idée générale sous l'inspiration de laquelle ces mesures furent prises, est l'idée du Comité des Experts suivant laquelle la Banque de France doit être l'organisme chargé de la stabilisation du cours du change français. La loi du 7 août 1926 a pour objet de donner à l'Institut d'émission les moyens d'action nécessaires pour effectuer l'œuvre de stabilisation tant souhaitée.

On sait que la circulation des billets de la Banque de France ne devait pas dépasser un maximum de 58 milliards et demi, et que vers la fin de juillet 1926, ce maximum a été presque atteint. Le 22 juillet 1926, le ministère Herriot démissionnaire, à bout de ressources imagina un moyen ingénieux de se procurer des billets de banque en faisant voter une loi aux termes de laquelle la Banque de France était autorisée d'émettre de nouveaux billets, qui ne compteraient pas dans le maximum de 58 milliards et demi, contre cession de ce qui restait de l'ancien emprunt Morgan de 1924, et qui représentait environ 31 millions de dollars.

La loi du 7 août 1926 a pour but de procurer d'une façon analogue des ressources à la Banque de France, en vue de la stabilisation du cours du change. Elle permet à la banque d'acheter à prime des monnaies nationales et elle l'autorise à procéder sur le marché à des achats d'or, d'argent et de devises. L'art. 3 de la loi spécifie que les billets émis par la Banque de France pour un montant correspondant aux monnaies, à l'or et aux devises achetées, ne sont pas comptés dans le contingent d'émission fixé à 58 milliards et demi. Enfin l'art. 4 de la loi autorise le ministre des finances de passer avec le gouverneur de la Banque de France dans un délai de trois mois, toutes conventions permettant à cet établissement de préparer par le redressement du franc, la stabilisation de la monnaie. C'est en vertu de cette disposition de la loi qu'une convention, en date du 16 septembre 1926, fut conclue entre le Ministre des finances et le Gouverneur de la Banque de France, et qui avait pour but de préciser le détail des opérations prévues par la loi du 7 août 1926. Cette convention du 16 septembre fut gardée secrète, et elle fut annexée à l'exposé des motifs de la loi du 25 juin 1928.

Ainsi, grâce à la loi du 7 août 1926, la Banque de France acquérait des moyens efficacès pour entreprendre l'assainissement monétaire. Elle pouvait désormais intervenir dans le marché des changes et maintenir ferme le cours du franc, en agissant sur les offres et les demandes respectives de francs et de devises étrangères. Si les demandes de francs étaient plus importantes que les demandes de devises, la banque pouvait émettre des billets de banque et satisfaire ainsi les demandes. Si au contraire c'étaient les devises étrangères qui étaient plus recherchées, la banque pouvait utiliser le stock des 31 millions de dollars du fonds Morgan 1924 qui lui avait été cédé, et tout le stock des devises qu'elle aurait accumulé. Si ce stock n'était pas suffisant elle en achèterait à prime sur le marché. Remarquons d'ores et déjà, que jamais jusqu'au 25 juin 1928 les demandes de devises n'excédèrent les offres. Les francs furent toujours plus recherchés que les devises.

La Banque de France n'intervint effectivement dans le marché des changes qu'à dater du 23 décembre 1926. Elle intervint non pas pour prévenir l'avilissement du franc, mais pour empêcher sa trop grande appréciation. La livre sterling, dont le cours baissait de plus en plus à partir d'août 1926, atteignit un cours minimum de 118 francs. A partir du 23 décembre 1926 la Banque de France se porta, vendeur et acquéreur, de devises étrangères sur la base de 124,02 francs, la livre sterling. C'est ainsi que du 23 décembre 1926 jusqu'au 25 juin 1928, le cours la livre sterling ne s'écarta guère de 124 francs. Ce fut une période de stabilisation de fait, une période de « préstabilisation ».

On remarque ainsi que durant cette période, la Banque de France avait inauguré le Gold Exchange Standard, grâce auquel le franc français était redevenu une monnaie saine.

D'août 1926 à juin 1928 la Banque de France acheta constamment des devises étrangères. Son portefeuille de devises augmenta dans des proportions démesurées. Quelles étaient les raisons qui déterminaient cette demande excessive de francs ? Outre les facteurs qui ont été développés plus haut, il faut rechercher la cause initiale de cet afflux de devises étrangères, dans la création de billets de banque pour l'acquisition de devises, conformément aux termes de la loi du 7 août 1926.

L'abondance de billets de banque déterminait une augmentation de la demande des titres français qui provoquait à son tour une hausse des valeurs françaises. C'est cette tendance à la hausse des valeurs françaises, qui déterminait les capitalistes étrangers à convertir leur argent en francs, pour pouvoir spéculer, non plus à la hausse du franc, mais à la hausse des valeurs françaises.

C'est à ce moment que se produisit un phénomène curieux de dédoublement de capitaux. Lorsque la Banque de France acquérait contre des billets de banque une devise étrangère, des livres sterling par exemple, elle n'importait pas les capitaux ainsi acquis en France ; elle les laissait en dépôt dans les Banques étrangères. Ainsi elle laissait les livres sterling en dépôt dans les banques de Londres. Or, les banques étrangères voyant leurs dépôts augmenter, étendaient libéralement leurs crédits. Les bénéficiaires de ces crédits envoyaient leurs capitaux en France et les convertissaient en francs, et le cycle recommençait indéfiniment. Il en résultait une inflation mondiale de capitaux. Inflation de billets de banque en France, inflation de crédits à l'étranger ; ce qui est plus grave, c'est que ces deux inflations s'alimentaient mutuellement, de sorte qu'on ne pouvait pas prévoir la fin de cette situation.

Pour mettre un terme à cet état de choses, la Banque de France décida, à partir de fin mai 1927, de convertir en or une partie des livres sterling, qu'elle détenait à Londres. C'était son droit, puisque l'Angleterre vivait sous le régime du Gold Bullion Standard. Malheureusement, elle se heurta à la mauvaise humeur du Gouvernement britannique, qui aurait vu d'un œil inquiet la diminution de ses réserves-or déjà très réduites. La presse de la cité de Londres blâma avec véhémence la nouvelle attitude de la Banque de France qu'elle qualifiait de peu amicale.

Il fallut chercher une autre solution, et c'est à cet effet qu'en juillet 1927, une conférence des représentants des principales banques d'émission fut réunie à New-York.

M. *Strong* représentait la Federal Reserve Board, tandis que la Banque d'Angleterre était représentée par M. *Montagu-Norman* et la Banque de France par M. *Rist*. *M. Schacht* représentait la Reichsbank. Aux termes de l'accord non écrit qui fut le résultat de la conférence, et qui est connu sous le nom de « gentlemen's agreement », il fut décidé que la Federal Reserve Board, qui regorgeait d'or, viendrait en aide à la Banque d'Angleterre et de fait, les demandes d'or de la Banque de France furent satisfaites à New-York.

Remarquons que jusqu'en février 1928, malgré l'achat très considérable de devises étrangères, le maximum de l'émission des billets de la Banque de France ne dépassa jamais le « plafond » de 58 milliards et demi.

On s'explique facilement ce fait très remarquable lorsqu'on tient compte de l'état prospère des finances publiques françaises pendant cette période, qui permit au Trésor de rembourser une partie considérable de sa dette envers la Banque de France. On sait qu'en juillet 1926 cette dette avait atteint 38.350 millions ; en février 1928 elle était réduite à 24 milliards. Après les élections législatives de mai 1928, favorables au Ministère, grâce au produit de l'emprunt 5 0/0 1928 qui obtint un vif succès, le montant des avances à l'État fut réduit de 6 milliards encore. A la veille de la stabilisation, le bilan de la banque n'accusait guère au poste « Avances nouvelles à l'État » que 17.900 millions.

D'autre part, vu le ralentissement des affaires et l'abondance des capitaux, les particuliers versaient leur argent non seulement aux caisses du Trésor, mais aussi à la Caisse autonome d'amortissement par voie de souscription aux Bons de la Défense Nationale. La caisse autonome de son côté versait l'argent qu'elle recevait ainsi à son compte de dépôt à la Banque de France.

Enfin, les particuliers qui avaient emprunté des billets à la Banque de France au moyen d'avances sur titres, remboursaient, à cause de la pléthore des capitaux sur le marché, leur dette à l'Institut d'émission.

De sorte que les billets émis par la Banque de France pour l'achat de devises étrangères, lui revenaient au bout d'un certain temps sans avoir été employés dans le commerce. C'est ce que l'on a appelé le « circuit » grâce auquel la Banque de France, malgré les achats importants de devises étrangères auxquels elle était obligée de procéder, parvint jusqu'en février 1928, à ne pas dépasser le plafond de la circulation fiduciaire fixé à 58 milliards et demi.

Or, au début de 1928, le circuit se trouvait rompu. Les billets que la Banque de France émettait pour l'achat de devises étrangères ne rentraient plus dans ses caisses. La rupture de la continuité du « circuit » qui avait fonctionné si longtemps, doit être attribuée à la suppression des facilités qu'on accordait aux particuliers qui désiraient confier leur argent au Trésor, ainsi qu'à l'abaissement du taux de l'intérêt des Bons de la Défense Nationale, et de l'intérêt servi à ceux qui effectuaient des dépôts à la caisse centrale. En même temps, la Caisse autonome avait entrepris le remboursement d'une partie de la dette publique; aussi ne versait-elle plus les billets qu'elle recevait à la Banque de France.

Les conséquences de cette situation ne se firent sentir qu'en mars 1928 lorsque l'émission fiduciaire de la Banque de France dépassa les 58 milliards et demi. Au début d'avril 1928 le montant total des billets en circulation avait dépassé 60 milliards ; et il aurait été bien plus considérable sans les remboursements effectués par l'État au moyen du produit de l'emprunt 5 0/0 1928. Cette augmentation des billets en circulation n'avait pas de quoi alarmer le Gouvernement, puisque l'inflation qui en résultait était gagée sur des devises ou sur de l'or. D'ailleurs, l'augmentation de la circulation des billets se poursuivit bien après la stabilisation pour atteindre, à l'heure où nous écrivons ces lignes, 72.016 millions (1).

Ce qui inquiétait le Gouvernement, c'était l'inflation mondiale des capitaux qui se poursuivait, malgré les demandes d'or de la Banque de France à Londres et à New-York, et qui résultait de la politique dans laquelle elle s'était engagée.

C'est pour mettre fin à cette situation, en apparence inextricable, que le Gouvernement décida, dès le printemps de 1928, de procéder à la stabilisation légale du franc, plus tôt que certains ne l'eussent souhaité.

§ 4. — *La loi du 25 juin 1928*

La loi du 25 juin 1928, en convertissant la stabilité de fait du franc en stabilité légale, avait pour but non seulement d'assainir le système monétaire français, mais

(1) Bilan de la Banque de France du 22 août 1930.

aussi de mettre un terme à l'inflation tant interne qu'externe des capitaux. En effet, en substituant au régime du Gold Exchange Standard celui du Gold Standard, le Gouvernement mettait un terme à l'afflux en France de devises étrangères, car quiconque désormais désirerait avoir des francs, devrait nécessairement présenter de l'or aux guichets de la Banque de France.

L'article premier de la loi du 25 juin 1928 abroge le texte de 1914 établissant le cours forcé des billets. On revient donc au régime sous lequel vivait la France avant la guerre, mais l'art. 2 donne une nouvelle définition du franc.

« Le franc, unité monétaire française, est constitué par 65,5 milligrammes d'or au titre de neuf cents millièmes de fin ».

On se rappelle que la loi du 17 germinal an XI définissait le franc par un poids de cinq grammes d'argent au titre de 9/10 de fin, et qu'elle dotait la France d'un régime monétaire bimétalliste dans lequel le rapport légal entre l'or et l'argent était de 15,5. La nouvelle loi en définissant le franc par un poids d'or adopte le régime pur du monométallisme-or. Un simple calcul permet de se rendre compte que la nouvelle unité monétaire française contient un peu plus que le cinquième de l'or contenu dans l'ancien franc. Il en résulte pour les devises étrangères un cours de 124 fr. 21 pour la livre sterling et de 25 fr. 52 pour le dollar.

Bien que l'article premier de la loi stipule le retour à l'étalon-or intégral, l'art. 3 permet à la Banque de France de n'assurer la convertibilité de ses billets qu'en les échangeant contre des lingots d'or, à raison de 65, 5 milligrammes d'or au titre de neuf cents millièmes de fin par franc. L'alinéa 3 de l'art. 3 ajoute que la Banque de France a la faculté de n'effectuer ces remboursements que pour des quantités minima qui seront fixées d'accord entre le ministre des finances et la Banque de France.

La loi du 25 juin 1928 permet donc à la Banque de France d'adopter au lieu du Gold Standard, le Gold Bullion Standard.

L'art. 4 de la loi établit les règles nouvelles de l'émission des billets de banque. Cet article abroge le système bizarre en vigueur antérieurement, qui fixait un montant maximum à la circulation des billets sans faire mention de l'encaisse métallique. Désormais la Banque de France n'est pas tenue d'observer une limite maxima à la circulation de ses billets, mais elle doit conserver un stock métallique d'or, d'au moins 35 0/0 du montant cumulé des billets au porteur en circulation et des comptes courants créditeurs.

La loi monétaire du 25 juin 1928 est complétée par trois conventions annexes passées entre l'État et la Banque de France, l'État et la Caisse autonome, la Banque de France et la Caisse autonome respectivement. Ces trois conventions précisent les relations créées entre ces divers organismes par le nouvel état de choses.

Aux termes de la première de ces trois conventions la Banque de France est autorisée à faire la réévaluation de son encaisse métallique, d'après la nouvelle définition du franc. Par contre l'État est libéré de sa dette envers la

Banque de France contractée à la suite des avances accordées par la Banque depuis la mobilisation de 1914.

L'ancienne dette de 200 millions de francs de l'État envers la Banque de France subsiste toujours, et en plus la Banque accorde au Trésor un prêt sans intérêt de 3 milliards de francs. De sorte que la dette totale de l'État envers l'Institut d'émission est réduite à 3.200 millions de prêts sans intérêt.

Pour présenter un tableau à peu près complet du régime nouveau sous lequel vit la France depuis le 25 juin 1928, ajoutons que la Banque de France a opté pour le Gold Bullion Standard comme le lui permet l'art. 3 de la loi monétaire, et que les lingots qu'elle offre au public ont un poids minimum de 4 kilog. 1/2 environ, ce qui réduit considérablement les demandes d'or émanant des particuliers.

D'autre part la loi monétaire n'a pas établi en France la frappe libre de l'or, de sorte que le métal jaune n'est pas rentré dans la circulation et qu'il ne risque pas d'être thésaurisé par les particuliers.

La loi du 25 juin 1928 a ouvert une période nouvelle dans l'histoire monétaire de la France ; elle inaugura un nouveau système basé sur une monnaie saine. Il est vrai que le Gold Standard ne fut pas rétabli en 1928 mais le système adopté offre tous les avantages de l'étalon-or intégral. Le nouveau régime monétaire n'est peut-être pas exempt de critiques ; on pourrait lui reprocher d'avoir dévalué définitivement le franc et d'avoir causé bien des déceptions en spoliant les rentiers d'avant-guerre des 4/5 de leur fortune. Mais lorsqu'on songe aux vicissitudes monétaires et financières qu'a traversé la France depuis une quinzaine d'années, lorsqu'on songe au chaos économique qui régnait au lendemain de la grande guerre, on ne saurait retenir un sentiment d'admiration pour le Ministère qui pendant plus de deux ans à partir de juillet 1926 dirigea les destinées du pays.

L'ère nouvelle inaugurée par la loi monétaire du 25 juin 1928 a fait ses preuves brillantes pendant la période des vingt-six mois qui viennent de s'écouler. Puisse-t-elle se continuer pendant de longues années dans la prospérité et dans la paix.

CONCLUSION

Arrivés au terme de notre ouvrage, il ne nous reste plus qu'à nous demander si le but que nous nous étions proposé en entreprenant ce travail, a été atteint. Notre objet était de déterminer avec autant de précision que le permettrait le sujet, les raisons auxquelles il faut attribuer les variations du change et d'exposer ensuite les moyens, grâce auxquels on peut mettre un terme à la situation fâcheuse créée par un change instable.

Dans la première partie de cette étude nous avons exposé les principales théories du change émises jusqu'à nos jours. Nous avons développé la théorie de la balance des comptes ainsi que celle du Professeur Cassel et nous n'avons pas manqué de mettre en relief les lacunes de ces théories. Nous avons abordé ensuite les théories synthétiques du change et nous avons abouti à la conclusion que pour pouvoir expliquer d'une façon satisfaisante les brusques soubresauts du change, il fallait faire appel à des facteurs d'ordre purement psychologique.

Dans la seconde partie de notre ouvrage, qui est une sorte de contre-épreuve de la première, nous avons expliqué les procédés employés par les différents États pour stabiliser leurs devises. Au lieu de nous perdre dans l'infinité des explications que l'étude d'un tel sujet comporte, nous avons préféré illustrer notre exposé par deux exemples typiques en étudiant l'œuvre de stabilisation opérée dans deux pays qui se trouvaient dans des conditions économiques dissemblables, l'Angleterre et la France.

L'enseignement qu'on pourrait tirer de cet ouvrage est que les divers gouvernements, — à l'exception peut-être du gouvernement britannique — ont eu le tort de négliger trop longtemps après la cessation des hostilités leur politique monétaire. A la politique ingrate de l'assainissement financier ils ont préféré une politique plus insouciante, en faisant appel lorsque les difficultés devenaient trop pressantes, à l'inflation. L'un des effets néfastes de cette situation fut de compromettre très gravement l'œuvre de reconstruction économique de l'Europe.

Ce n'est que lorsque la banqueroute éclata ou que les menaces de banqueroute devinrent imminentes, que les divers gouvernements furent tirés de leur torpeur. Pour être impartial, il faut ajouter que l'œuvre accomplie par la plupart des gouvernements européens depuis environ cinq ans est extrêmement remarquable, puisque le résultat est que l'Europe a récupéré aujourd'hui un système monétaire sain offrant la plupart des avantages du Gold Standard.

Malgré l'opinion très répandue suivant laquelle depuis plus de deux mille ans, les gouvernements aux prises avec les mêmes difficultés commettent toujours les mêmes fautes, il convient, en terminant cet ouvrage, d'émettre l'espoir que les expériences des quinze dernières années ayant été trop douloureuses, les gouvernements de l'avenir s'efforceront d'éviter toute erreur qui pourrait provoquer le retour des catastrophes trop souvent observées ces dernières années.

TABLE DES MATIÈRES

DEUXIÈME PARTIE

La Stabilisation

Bar-sur-Seine, Imp. SAILLARD — P. BROST Succr

www.ingramcontent.com/pod-product-compliance
Ingram Content Group UK Ltd.
Pitfield, Milton Keynes, MK11 3LW, UK
UKHW022100260726
13993UKWH00001B/222